教材项目规划小组

许　琳　　姜明宝　　王立峰
田小刚　　崔邦焱　　俞晓敏
赵国成　　宋永波　　郭　鹏

教材编写委员会

主　任：陶黎铭
副主任：陈光磊　　吴叔平
成　员：陈光磊　　高顺全　　陶黎铭
　　　　　吴金利　　吴叔平　　吴中伟

顾　问：Robert Shanmu Chen
　　　　　Richard King
　　　　　Helen Xiaoyan Wu

中国国家汉语国际推广领导小组办公室规划教材
Projet de Hanban de la République populaire de Chine

Dāngdài Zhōngwén
当代中文
LE CHINOIS CONTEMPORAIN

dì - sān cè
第 三 册

jiāo shī shǒu cè
教 师 手 册

Manuel du Professeur

Volume III

主　编　吴中伟
编　者　高顺全　吴金利
　　　　吴叔平　吴中伟
翻　译　徐　朋　Michel Bertaux
译文审订　Jerry Schmidt
　　　　　Hongju Yu
　　　　　Huijun Zhou

Éditions de l'Université de Pékin

© Éditions de l'Université de Pékin, 2008

Toute représentation, traduction, adaptation ou reproduction, même partielle, par tous procédés, en tous pays, faite sans autorisation préalable de l' Éditions de l'Université de Pékin, est illicite et exposerait le contrevenant à des poursuites judiciaires.

ISBN 978−7−301−13472−6/H · 1953
205, rue de Cheng Fu, 100871 Beijing, Chine
Tél: +86(10)62752028
Fax: +86(10)62556201
Website: http://www.pup.cn
E-mail: zpup@pup.pku.edu.cn
Imprimé en Chine. Janvier 2008

图书在版编目（CIP）数据

当代中文·第三册·教师手册/吴中伟主编.—北京：北京大学出版社，2008.3

ISBN 978−7−301−13472−6

Ⅰ.当… Ⅱ.吴… Ⅲ.汉语－对外汉语教学－教学参考资料 Ⅳ.H195.4

中国版本图书馆CIP数据核字（2008）第028826号

书　　　　名：	当代中文·第三册·教师手册
著作责任者：	吴中伟　主编
责 任 编 辑：	欧慧英　贾鸿杰
标 准 书 号：	ISBN 978−7−301−13472−6/H · 1953
出　版　者：	北京大学出版社
地　　　　址：	北京市海淀区成府路205号　100871
网　　　　址：	http://www.pup.cn
电　　　　话：	邮购部 62752015　发行部 62750672　编辑部 62752028　出版部 62754962
电 子 信 箱：	zpup@pup.pku.edu.cn
印　刷　者：	北京大学印刷厂
经　销　者：	新华书店
	787毫米×1092毫米　16开本　12印张　300千字
	2008年3月第1版　2008年3月第1次印刷
印　　　　数：	0001～2000册
定　　　　价：	38.00元（含1张MP3）

未经许可，不得以任何方式复制或抄袭本书之部分或全部内容。
版权所有，侵权必究　举报电话：010-62752024
　　　　　　　　　　　电子信箱：fd@pup.pku.edu.cn

目录 Table des matières

致教师 1

编写说明 2

语法体系述要 1

第 一 课　红叶 25

第 二 课　花心萝卜 34

第 三 课　别跟自己过不去 42

第 四 课　各有所爱 51

第 五 课　找不着北 59

第 六 课　他们很有耐心 67

读写试卷（一） 75
听说试卷（一） 80
听说试卷（一）(教师用卷) 83

第 七 课　叫什么好？ 88

第 八 课　端午节的故事 97

第 九 课　孔夫子搬家 106

第 十 课　还是庄重点儿好 115

I

第十一课 "要"还是"借"？……………………………………124

第十二课 买枝红玫瑰 ……………………………………………133

读写试卷（二）……………………………………………………140
听说试卷（二）……………………………………………………145
听说试卷（二）(教师用卷)………………………………………148
读写试卷（三）……………………………………………………153
听说试卷（三）……………………………………………………159
听说试卷（三）(教师用卷)………………………………………162

附　录
第一课教案（甲）…………………………………………………167
第一课教案（乙）…………………………………………………173

致教师

您好！感谢您使用本教材！

本《教师手册》详细说明教材的设计意图、整体构架和语法体系，提供编者关于教材的教学设想和使用建议，并提供有关参考资料（其中的"教学参考"部分仅供教师参考）以及听力材料书面文本、练习答案、试卷等等，还提供了参考教案。

教无定法。由于语言学理论和教学法理论背景的差异以及教师的个人见解和教学风格的不同，对于教材内容和教学安排必然会有不同的理解和处理。根据教学对象和教学总体设计的不同，教学方式、教学要求上也必然有所不同。本书有关说明和材料，仅供参考。

本书一定还存在不足、疏漏和错误，欢迎批评、指正。

希望您将使用中发现的问题和您的建议告诉我们，以便再版时修改。

谢谢！

编　者

编写说明

本教材是为以法语为母语的汉语学习者编写的,旨在培养学习者汉语听说读写基本技能和一定的汉语交际能力,也可用于针对某一特定言语交际技能的汉语教学。

本教材包括:

《课本》,1—4册,是教材的主体部分。课文采用简体字、繁体字对照,附有拼音和英语翻译。

《教师手册》,1—4册,详细说明编者的设计意图,教材的整体构架,使用建议,有关参考资料,以及听力材料书面文本、练习答案、试卷,等等。

《汉字本》,1—2册,与《课本》1—2册配合,提供汉字的有关知识,以及多种多样的练习材料。

《练习册》,1—4册,尽量做到综合性、多样性、可选性。练习材料包括听、说、读、写、译各个方面,难易结合,兼顾学习者的不同需求和不同水平。

教材配有音像材料。

一、总体设计

(一)结构、功能、文化、话题

第一、二册以结构为纲,结合功能和文化。根据结构的循序渐进来编排教学内容的顺序,以交际活动和交际功能的典型性来选择教学内容,注意在特定的文化背景下展开教学内容。第三册兼顾交际活动和语言结构。由日常交际活动逐渐向话题讨论过渡,注意在特定的文化背景下展开教学内容。第四册以话题为纲,结合结构和文化。根据话题的文化内涵的典型性设计和安排教学内容,同时深化对语言结构的认知和运用。

(二)难度层级

从语言程度的递进方式上看,顺序是:情景对话—语段表达—话题讨论。即:第一、二册是情景对话,要求学生具有一定的口头交际能力和初步的书面交际能力,进行简短的对话,实现一定的交际功能。在实际的交际活动中,对话是最典型的、最基本的交际方式。但是,我们在《练习册》中,也安排了根据课文对话改写的短文作为阅读材料,以培养学生的阅读能力和语段表达能力。第三、四册是对话和短文相结合，要求学生由语段向语篇表达发展。第三册的教学方式重在对于对话、短文内容的复述，第四册可以引导学生开展一定的话题讨论。

（三）课本结构形式和语言风格

每课包括：词语表、课文、注释、语法点、文化点。课文由两个部分组成。这两部分的内容是相关的，词语也列为两个部分，以减轻学生学习的心理压力。这也有利于覆盖尽可能多的语境和功能，在教学安排上提供较大的弹性。与词语表相应的汉字表，在《汉字本》中提供；针对课文内容和语法点的操练，在《练习册》中提供。

课文采用简繁对照，附拼音文本和法语翻译，以满足不同需求。

从语体上看，第一、二册课文立足于口语体，第三、四册适当运用一些书面语成分。重视语言的真实、自然，避免为语法教学而产生的生硬的句子和说法。

课文里的角色保持相对稳定，但又有变化，给人新鲜感，使课文内容构成一个比较开放而大体统一的系统，以广泛反映社会生活。

二、编写原则

本教材遵循的基本原则是：1. 科学性原则。力求符合语言规律、语言学习规律和语言教学规律，反映新的教学观念和研究成果。2. 交际性原则。教学内容要有交际价值，体现特定的交际活动；语言材料尽可能真实；教学目的不在于教授语言知识，而在于培养学生的言语交际能力。3. 实用性原则。教学内容应该满足学习者的需求，适应学生的学习动机和学习目标。4. 针对性原则。在充分考虑学习者的母语背景和文化背景的基础上选择教学内容。5. 趣味性原则。教学内容贴近现实生活，富有情趣。教材形式力求生动活泼。

三、关于《第三册》

（一）关于课本

第三册共有十二课。其中除第六课和第十二课以外，每课正课文都包括对话和短文两个部分，第六课和第十二课只有短文，没有对话。这样做的目的是为了让学生对较长的语篇有一个初步的印象。

在内容方面，第三册的侧重点不是日常交际对话，而是更高一级的文化和社会生活方面的交流，并渐渐向当代社会热点问题过渡。日常交际则通过练习的形式补充。

考虑到各个学校不同的情况，时间较多（周学时6）者，可以用一学期（半年）时间完成，时间较少（周学时3-4）者，可以用一年时间完成。

（二）关于练习册

每一课的练习都包括以下五部分，供教师选用。其中"朗读词语"和"听力理解"部分配有录音。

1. 词语和结构：朗读词语部分一般选择的都是重点词语、一些结合面较宽的语素构成的词语或语法组合上有特点的词语。目的是通过让学生感受各种可能的语素构词方式及短语组合形式，对汉语的词法、短语的构成有一个全面的感觉。替换对话，既是语言结构的练习，同时具有实际交际意义。教师可以在课堂上处理，也可以让学生课外自己听录音。

关于本课汉字、词语、结构、语法方面的练习，是语言结构练习的重点。如果条件允许，我们建议您先让学生预习准备，然后在课堂上操练。其中"用下面所给的词语填空"大多是根据课文改写的短文，所给的词语一般都是学生应该掌握的实词。

2. 听力理解：听力部分一般包括听对话选择和听短文选择（或回答问题）两个部分，有条件的学校可以专门用一节课的时间练习听力，有些短文的练习之所以采用回答问题的形式，目的是为了培养学生的口语复述能力（这是一种听和说相结合的训练）。

3. 口头表达：口语部分可以在课堂上（在课文学完以后）进行。

4. 阅读理解：阅读理解部分只要求学生判断对错，目的是培养学生的阅读能力，扩大学生的阅读视野。

5. 书面表达：写作部分您可以根据具体情况决定。听力理解以及阅读理解部分我们给出了参考答案，请参看《教师用书》。有些练习如"把所给的词组成句子"的答案不是唯一的。阅读理解部分的答案我们用"F"表示错误，用"V"表示正确。

（三）关于教师手册

每课都由"教学目标"、"教学重点"、"教学内容"、"教学参考"、"听力文本"以及"练习参考答案"六部分组成。其中"教学内容"部分，我们选择了该课的一些重点词语和语法项目，并都给出了较多的例句。您可以根据具体情况自由取舍。"教学参考"部分则完全供您参考，我们的目的只是想让您有一个比较简明的工具书性质的东西。其中"词语"部分里尽量介绍用法、相关说法甚至最近几年出现的新词新语;"语法"部分则力求实用,有些解释则是编者的一家之言,希望能对您有所帮助。

关于语法教学,本教材第一、第二册已经把汉语的主要语法现象进行了比较系统的安排。第三册的语法教学一方面是对前两册的巩固提高,拾漏补遗,另一方面则从实用的角度出发,介绍一些常见的语法现象。当然,第三册语法教学还有一个桥梁作用,那就是从简单句到复合句,逐渐过渡到语篇。

我们觉得,词语教学可以也应该分担一部分语法教学的任务,特别是动词、形容词、副词以及连词的教学,一个词具体的用法既可能有它的特殊之处,也往往代表了一类词的用法。建议您在词语教学时有目的地告诉学生该词语词汇意义以外的东西。

词语的教学最简便的办法是先领读生词表上的生词,然后按顺序讲解——逐个讲解或重点讲解,并把重点词语板书出来;也可以先不让学生看课本上的词语表,由教师提供语境,把重点词语一个一个引导出来,板书解释,最后再请学生打开课本,按生词表上的顺序逐个简单讲解。

考虑到"教无定法",我们给您提供的不是具体的教案,而主要是教学内容方面的参考。具体的教学安排由您根据具体的情况决定。我们在附录里给您提供了两种参考教案,一种按四课时设计,一种按六课时设计。

《教师手册》提供了三套考试题。第一套是第一课到第六课的单元考试题,第二套是第七课到第十二课的单元考试题。您可以根据情况选择使用,也可以作为小测验试题。第三套则是整个第三册的考试题。

语法体系述要

一、词类

汉语的词类包括两大类：实词和虚词。

实词包括：名词、动词、形容词、数词、量词、副词、代词、疑问词，以及叹词、象声词。

（一）名词

例如：人　山　河　地图　食品　朋友　公司　洗衣机

名词的特点是：

1. 大多能受量词短语修饰。如：

　　一个人　一座山　一张地图　一些食品

2. 不能受"不"的修饰。

3. 能用在介词后面，组成介词短语。如：

　　在公司（工作）　对朋友（很热情）

4. 常常做主语和宾语。

名词中比较特殊的是时间词、处所词和方位词。

时间词，如：今天　去年　现在　以前　平时　最近　将来

处所词，如：中国　亚洲　郊区　附近　远处　旁边　对面

方位词，如：

上	下	前	后	左	右	东	南	西	北	里	外	内
以上	以下	以前	以后			以东	以南	以西	以北		以外	以内
之上	之下	之前	之后			之东	之南	之西	之北		之外	之内
上面	下面	前面	后面	左面	右面	东面	南面	西面	北面	里面	外面	
上边	下边	前边	后边	左边	右边	东边	南边	西边	北边	里边	外边	
上头	下头	前头	后头			东头	南头	西头	北头	里头	外头	
旁边	对面	中间	之间	之中	东南	这边	内部	……				

时间词和处所词常常修饰动词性短语。

单音节的方位词往往附着在其他词语之后，表示处所或时间。双音节的可以单独使用，或者放在其他词语后面构成方位短语，表示处所或时间。如：

　　桌子上　家里　南面　马路旁边　以前　回家以后

（二）动词

例如：有 是 看 想 坐 学习 休息 游泳

动词的特点是：

1. 大部分动词能受副词"不"、"没（有）"修饰。如：
   不看　不学习　没看　没学习
2. 后面常常能带"了"、"着"、"过"等动态助词。如：
   看了　想过　坐着
3. 一部分动词能重叠。如：
   看看　想想　休息休息
4. 常常做谓语。

动词中比较特殊的是趋向动词和能愿动词。

1. 趋向动词包括：

	上	下	进	出	过	回	开	起
来	上来	下来	进来	出来	过来	回来	开来	起来
去	上去	下去	进去	出去	过去	回去		

趋向动词除了具有一般动词的特点以外，还常常放在其他动词或形容词的后面，充当补语。如：
　　走来　走进　拿出来　放进去

有的趋向动词在语义上已经虚化。如：
　　爱上　关上　留下　说出来　传出去　看上去　回忆起来
　　热闹起来　安静下来　坚持下去　流传开来　昏过去　改正过来

2. 能愿动词，也叫助动词。如：
　　能　能够　会　可以　可能
　　应该　应当　该　要　得　想　敢　肯　愿意

能愿动词常常放在其他动词或形容词的前面，表示能力、可能、必要、意愿等意义。

（三）形容词

例如：好 大 小 努力 干净 严格 雪白 红彤彤 糊里糊涂

形容词的特点是：

1. 一般能用副词"不"和"很"修饰。如：
   不好　不干净　很好　很干净
2. 一部分形容词能重叠。如：
   好好休息　大大的眼睛　打扫得干干净净
   四周的墙壁雪白雪白的

3. 能修饰名词，一部分形容词还能修饰动词。如：
　　小商店　严格的老师　努力学习　客气地拒绝
4. 经常直接做谓语，也常做定语、补语。
形容词中比较特殊的是非谓形容词（也叫区别词）。如：
　　男　女　正　副　金　银　单　双　彩色　新式　大型
它们的特点是只能做定语，或用在"……的"中。如：
　　男老师　副市长　金饭碗　单姓　彩色照片
　　(1) 我们的老师是女的。
　　(2) 我要新式的，不要老式的。

（四）数词

例如：零(O)　半　一　二　两　九　十　百　千　万

（五）量词

例如：公斤　里　小时　分　双　副　个　条　点　些（第一组）
　　　　下　次　遍　趟　番（第二组）

第一组叫名量词，一般跟名词配合（如"一公斤鱼"），有的也跟形容词配合（如"一公斤重"）；第二组叫动量词，跟动词配合（如"去一次"）。

一些名词可借用为量词。如：
　　一屋子人　一箱子书　踢一脚　打两拳　砍一刀

量词大多可以重叠。如：
　　(1) 这些邮票张张都非常精美。
　　(2) 他们个个都是好样儿的。

（六）副词

副词的特点是只能做状语。

副词可以分为表示程度、情状、时间、频度、范围、否定、语气等七个小类。见下表：

表示程度	很　极　挺　怪　太　非常　格外　十分　极其　分外　最　更　更加　越　稍微　比较　有点儿
表示情状	猛然　毅然　忽然　仍然　逐步　渐渐　亲自　擅自　特地　互相
表示时间	刚　刚刚　已经　已　曾经　早　就　才　正　正在　在　将　将要　立刻　立即　马上　永远　从来　随时
表示重复、频度	又　再　还　也　再三　常常　经常　往往　一直　一向　偶尔　老(是)　总(是)　不断　反复

续表

表示范围、数量	都 全 一共 一起 只 仅仅 就 才
表示否定	不 没(有) 别 勿
表示语气	多 多么 真 可 并 又 却 倒 实在 幸亏 难道 究竟 到底 毕竟 偏偏 干脆 简直 明明 一定 准 果然 大概 也许 大约 几乎 差点儿 反正

有的副词兼有关联作用。如：

(1) 这些孩子又单纯又善良。

(2) 他会法语，还会英语。

（七）代词

代词可以分成三个小类：人称代词、疑问代词、指示代词。见下表：

人称代词	你 您 我 他 她 它 你们 我们 咱 咱们 他们 她们 它们 大家 人家 别人 自己
指示词	这 那 这儿 那儿 这里 那里 这么 那么 这样 那样
疑问词	谁 什么 哪 哪儿 哪里 怎么 怎么样 怎样 多 多少 几
其他	每 各 某

代词可以活用，表示任指或虚指。如：

(1) 你看看我，我看看你，谁也不说话。

(2) 谁想去谁去。

(3) 在这种场合，你无论如何得说点儿什么。

（八）叹词

叹词用来表示感叹和应答。如：

(1) 哎呀，真糟糕！

(2) 哎，我来了。

（九）象声词

象声词用来模拟声音。如：

(1) 丁零零，丁零零，前面传来一阵自行车铃声。

(2) 一只青蛙一张嘴，两只眼睛四条腿，扑通一声跳下水。

虚词包括：介词、连词、助词、语气词。

（十）介词

介词跟名词性词语（有时是动词性词语）组成介词短语，修饰动词或形容词，有时也可以修饰名词。如：

(1) 我在中学教汉语。
(2) 他给我买了一束花儿。
(3) 关于环境保护的问题，我们谈得很多。

介词可以分为介引对象和范围、依据和手段、目的和原因、时间和处所等四类，见下表：

介引对象、范围	对 对于 关于 至于 和 跟 同 与 为 给 替 于 把 将 叫 让 被 比 向 连 除(了)
介引依据、手段	在 根据 依照 按照 通过 凭 以
介引目的、原因	为 为了 由于 因为
介引时间、处所	从 自从 自 打 由 当 往 朝 向 到 在 于 顺着 沿着

（十一）连词

连词的作用是连接。如：

(1) 饭和菜都已经做好了。
(2) 不论谁都可以提意见。
(3) 不论你说什么，他都不相信。

有的连词只用于连接词或短语，有的连词只用于连接分句，有的既可以连接词或短语，又可以连接分句。见下表：

连接词或短语	和 跟 同 与 及
连接分句	不但 因为 所以 因此 因而 既然 要是 如果 假如 除非 虽然 尽管 但是 可是 不过 然而 即使 就是 哪怕 省得 免得 于是 从而 以致 与其 宁可 尚且 何况 只要
连接词语或分句	而且 并且 而 并 或者 要么 还是 只有 无论 不论 不管

（十二）助词

助词附着在词或短语上，表示一定的附加意义。

助词主要包括：

1. 结构助词：的 地 得

"的"用在一部分定语和中心语之间。如：

(1) 他的新居
(2) 最有名的歌
(3) 新修的马路

"地"用在一部分状语和中心语之间。如：

(4) 他听了这个消息，兴高采烈地走了。

(5) 周围嘈杂的环境已经严重地干扰了学校的教学工作。
(6) 他们俩又说又笑地回家了。

"得"用在一部分述补短语的述语和补语之间。如：
(7) 他累得饭也不想吃了。
(8) 大雨把他淋得像只落汤鸡。

2. 动态助词：了　着　过
"了"表示行为动作或状态的完成、实现。如：
(1) 看，汽车来了！
(2) 昨天我们去拜访了一位老寿星。
(3) 明天晚上吃了饭到我办公室来一下。

"着"表示行为动作的进行或状态的持续。如：
(4) 门关着，灯开着。
(5) 他穿着一件红毛衣。
(6) 我们正谈着话，老师进来了。
(7) 新房的墙上挂着一张结婚照。

"过"表示曾经发生某一行为动作，存在某一状态。如：
(8) 这个字我不认识，我们没学过。
(9) 我去过那儿，是个山清水秀的好地方。
(10) 这孩子小时候也胖过，现在瘦了。

3. 其他助词：
们（如"同学们"）　第（如"第一"）　初（如"正月初三"）
似的（如"像野马似的"）　来（如"二十来个人"）
把（如"块把钱"）

(十三) 语气词
例如：吗　呢　吧　啊　的　了　嘛　着呢　罢了
语气词的作用是：一般用在句末，表示语气或口气。如：
(1) 你会说汉语吗？
(2) 这是不可能的。
(3) 太巧了！

语气词有时也用在句中。如：
(4) 这个问题呢，我明天再回答你。
(5) 我吧，从小就爱玩车。

有时，同一个词，在某个语境中具有某一类词的特点，在另外一个语境中，又具有另外一类词的特点，即，兼属两类。如：

(1) 对不起，委屈你了。

(2) 对不起，让你受了一点儿委屈。

(3) 他觉得很委屈。

在例（1）里，"委屈"带宾语，是一个动词；在例（2）里，"委屈"受量词短语的修饰，是一个名词；在例（3）里，"委屈"受"很"的修饰，并且不能再带宾语，是一个形容词。所以，"委屈"兼属动词、名词和形容词。

词 类 总 表

词 类		例 词
实词	名词	人 山 地图 食品 朋友 上海 现在 前面
	动词	看 想 坐 学习 休息 有 是 能 上来
	形容词	好 努力 雪白 红彤彤 糊里糊涂 男 大型
	数词	零(O) 半 一 二 两 九 十 百 千 万
	量词	公斤 分 双 副 个 条 点 些 下 次 遍
	副词	很 刚 忽然 又 就 都 不 简直 互相 有点儿
	代词	你 我 他 咱们 这 那 怎么样 多少
	叹词	喂 哎呀 哟
	象声词	哗啦啦 扑通 丁零
虚词	介词	对 在 为 从 关于 把 被
	连词	和 或 而 不但 虽然 无论 所以
	助词	的 地 得 了 着 过 第 似的
	语气词	吗 呢 啊 的 了

二、短 语（词组）

（一）短语类型

结构类型		举 例			功能类型
基本短语	主谓短语	他不去 东西很贵	钱包丢了 打人不对	满面红光 身体不舒服	
	联合短语	你、我、他	今天或明天		名词性
		唱歌、跳舞	研究并决定		动词性
		聪明、漂亮	又酸又辣		形容词性
	偏正短语	新书	最好的朋友		名词性
		马上出发	在哪儿见面		动词性

续表

结构类型		举 例			功能类型
基本短语	偏正短语	真便宜	特别高兴		形容词性
	述宾短语	买材料	送她一束花儿	开过来一辆车	动词性
	述补短语	吃完	说得很清楚		动词性
		好极了	热得满头大汗		形容词性
特殊短语	同位短语	我朋友小王	中国的首都北京	你们俩	名词性
	连动短语	走过去开门	开车去公司	去公司开车	动词性
	兼语短语	请你喝咖啡	让他等一等	欢迎你参加	
有标记的短语	介词短语	从八点钟	往右		修饰性
	方位短语	桌子上	那家超市旁边	出国以前	名词性
	量词短语	这三本	这本	三本	
	"的"字短语	我的	红的	昨天刚买的	

(二) 句法成分

1. 主语 如：
   他不去　东西很贵　打人不对　身体不舒服
2. 谓语 如：
   他不去　东西很贵　打人不对　身体不舒服
3. 宾语 如：
   买材料　送她一束花儿　开过来一辆车
4. 定语 如：
   (老)房子　(阅读)材料　(雄伟的)建筑　(新买的)钢琴
5. 状语 如：
   [慢慢地]说　[明天]说　[在大会上]说　[非常]满意
6. 补语

(a) 情态补语[①] 如：
   衣服洗得<很干净>　跑得<不快>
(b) 结果补语 如：
   东西卖<完>了　东西买<到>了
(c) 趋向补语 如：
   坐<下>　拿<来>　走<上来>　安静<下来>
(d) 可能补语[②] 如：
   看得<见>　买不<到>　开不<进去>

[①] 也叫"状态补语"、"程度补语"（跟本书的"程度补语"不同）。课本中的法文名称为 complément prédicatif （谓述性补语）。

[②] 有的学者把这一格式叫做结果补语和趋向补语的"可能式"。

（e）数量补语　如：

看<一遍>　看<两个小时>　(比他)高<三厘米>

（f）程度补语　如：

好<极>了　快得<很>

三、句子格式

（一）句型

句型，指句子的结构类型。句型首先分为单句和复句。单句又可分为主谓句和非主谓句。下面的句子都是主谓句：

(1) 今天|很热。

(2) 我|喜欢踢足球。

(3) 在家里，他|是一个好厨师。

下面的句子都是非主谓句：

(4) 王老师！

(5) 下雨了！

(6) 好热的天气！

(7) 蛇！

(8) 必须保护环境。

主谓句可分为动词性谓语句和形容词性谓语句两种。

1. 动词性谓语句。

动词性谓语句在汉语里占优势。动词性谓语句根据结构又可以分为以下几种类型：

A. 简单动词句：<u>（状语＋）动词</u>。如：

(1) 咱们走吧！

(2) 雨停了。

(3) 我今天休息。

(4) 他以前也在我们公司工作。

B. 述宾谓语句：<u>（状语＋）动词＋宾语</u>。如：

(1) 谁是经理？

(2) 他有两个孩子。

(3) 他去年写了一本书。

(4) 我喜欢养狗。

(5) 我还以为他对我有意见呢！

上面都是动词带一个宾语的例子。还有动词带双宾语的。如：
　　（6）他问我明天去不去。
　　（7）他送我一件礼物。
　　（8）他借了我一笔钱。
　　（9）大家都叫他大哥。
C. 述补谓语句：（状语＋）动词＋补语。
根据补语的类型，又可分为：
a.（状语＋）动词＋"得"＋情态补语。如：
　　（1）他今天来得特别早。
　　（2）他说得很流利。
b.（状语＋）动词＋结果补语。如：
　　（1）汉语词典没买到。
　　（2）我已经说完了。
c.（状语＋）动词＋趋向补语。如：
　　（1）他跑上去了。
　　（2）从大门开进去。
有时候，动词同时带有宾语和趋向补语。如：
　　（1）他走进房间去了。
　　（2）他又拿出一本书来。
　　（3）他又拿出来一本书。
　　（4）他又拿了一本书出来。
d.（状语＋）动词＋"得"/"不"＋可能补语。如：
　　（1）京剧我听不懂，可是看得懂。
　　（2）他心里有话，可是说不出来。
　　（3）票没买到，今天去不了（liǎo）了。
　　（4）这东西有毒，吃不得！
最后一句是"得 dé"本身做补语。肯定式是"吃得"，不说"吃得得"。
e.（状语＋）动词＋数量补语。如：
　　（1）我可以看一下吗？
　　（2）请再说一遍。
　　（3）我见过他三次。
　　（4）那盏灯亮了一夜。
　　（5）昨天晚上他才睡了三个小时。
　　（6）我比他高三厘米。

f.(状语＋) 动词＋（"得"）＋ 程度补语。有的程度补语之前用"得",有的不用"得"。如：

(1) 他喜欢极了。
(2) 我已经把他看透了。
(3) 他喜欢得不得了。
(4) 他喜欢得很。

D. 连动句：(状语＋) 连动短语。如：

(1) 他赶紧推门进去。
(2) 我坐车去人民广场。
(3) 我去人民广场坐车。
(4) 他拉着我的手不放。
(5) 我想找个人问问。
(6) 他喝酒喝醉了。

E. 兼语句：(状语＋) 兼语短语。如：

(1) 老板让他去广州工作。
(2) 朋友请我明天一起去吃饭。
(3) 他怪我没有把事实告诉他。
(4) 顾客称赞他们服务周到。
(5) 他把电脑借给我用。

名词性短语做谓语，可以看做动词谓语句的特例。如：

(1) 他东北人。
(2) 现在十二点。
(3) 他二十一岁。
(4) 这件毛衣一百多块钱。
(5) 明天晴天。

这些句子大多可以补上动词"是"或别的动词。否定的时候要在谓语前加"不是"。如：

(6) 他是东北人。
(7) 他不是东北人。

2. 形容词性谓语句。汉语里形容词或形容词性短语可以直接做谓语。如：

(1) 我很忙。
(2) 这个城市非常干净。
(3) 天阴沉沉的。
(4) 街上热热闹闹的。

在陈述句里，形容词前面往往有状语。单个形容词做谓语，含有对比的意思，如：

(5) 我们学校大，他们学校小。

(6) 这件衣服贵，那件衣服便宜。

形容词后面可以带补语。如：

(7) 他们高兴得跳起来。

(8) 那部电影好看极了！

(9) 这条裤子大了一点儿。

(10) 我累了一天了。

句型系统简表：

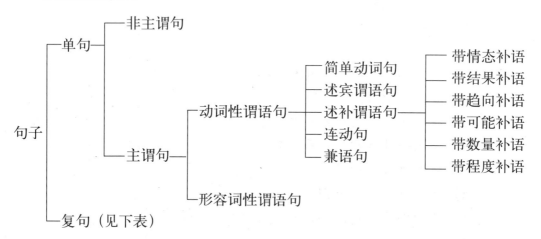

复句类型

复句类型		关联词语
联合复句	并列复句	也 又 还 既……又/也 又……又…… 是……不是 不是……而是…… 一边……一边…… 一面……一面
	连贯复句	就 便 又 于是 然后 再 一……就…… 首先……然后……
	递进复句	而且 并且 还 更 甚至 不但……也/还/更…… 不但……而且
	选择复句	或者 是……还是…… 或者……或者…… 要么……要么…… 不是……就是…… 与其……不如…… 宁可……也……
偏正复句	假设复句	要是/如果/假如……那么/就……
	因果复句	由于 所以 因此 以至于 因为……所以…… 之所以……是因为…… 既然……就……
	转折复句	却 但是 可是 不过 虽然/尽管……但是/可是……

续表

复句类型		关联词语
偏正复句	条件复句	只要……就…… 只有……才…… 除非……才…… 无论/不论/不管……都/也……
	让步复句	即使/哪怕/就是……也/都……
	目的复句	为了 以免 省得 好

(二) 句类

句类,指句子的语气类型。按照句子的语气,可以把句子分成陈述句、疑问句、祈使句和感叹句。

1. 陈述句。如:

(1) 他在那儿生活了三十年。

(2) 我对这儿不熟悉。

(3) 他没告诉我。

2. 疑问句。根据提问方式又可以分为两种类型:

A. 用"吗"的疑问句,即一般所谓"是非问句"。句末一般用"吗",有时没有"吗",但带疑问语调。如:

(1) 他明天会来吗?

(2) 这儿可以抽烟吗?

(3) 你没把这事告诉他吗?

(4) 我们明天去打球,好吗?

(5) 您是张师傅,对吗?

(6) 怎么,你也想去?

有时句末用"吧",表示揣测语气。如:

(7) 我想,这是您女儿吧?

B. 不能用"吗"的疑问句。包括:

a. "X不/没X"问句。如:

(1) 这种电视机好不好?

(2) 你说不说法语?

(3) 你说法语不说(法语)?

(4) 同学们都来没来?

(5) 他是不是病了?

b. 带疑问词的问句。如:

(1) 你要什么?

(2) 他是谁?

(3) 你去哪儿？
(4) 现在几点？
(5) 你们公司有多少人？
(6) 这个房间有多大？

c. "X还是Y"的问句。如：
(1) 你喝茶还是喝酒？
(2) 是你来，还是我去？
(3) 是在这儿谈，还是出去谈？

d. 还有一种以"呢"结尾，不带疑问词的特指问句，句式为"NP/VP呢？"，如：
(1) 我的鞋子呢？（我的鞋子在哪儿？）
(2) 我是日本人，你呢？（你是哪国人？）
(3) 如果他不同意呢？（如果他不同意，那怎么办？）

3. 祈使句。表示命令、请求等。如：
(1) 请进！
(2) 你醒醒。
(3) 走吧！
(4) 千万别忘了！
(5) 别睡了！
(6) 不要着急！

4. 感叹句。
(1) 哎呀！
(2) 太好了！
(3) 真便宜！
(4) 多漂亮啊！
(5) 好大的架子！

句类系统简表：

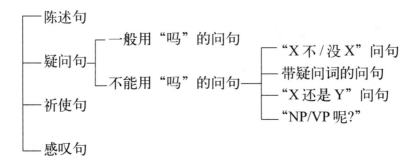

（三）句式

句式是对某些在结构表达上有特色的句子的概括、分类。

1. "是……的"句

有两种不同的"是……的"句。[①]

A. 当谈话双方都知道某个动作行为已经发生，说话人要着重表达的不是动作行为本身，而是与动作行为有关的某个方面，如什么时候、什么地方、什么方式、动作的对象是什么、是谁做的，等等，就用"是……的"格式，"是"可以省略，但是一定要有"的"。否定时，"不"放在"是"的前面。如：

(1) 他是昨天来的。
(2) 他大概是从单位直接赶来的。
(3) 他一定是坐出租车来的。
(4) 我今天早上六点半起的床。
(5) 是办公室老师安排我住这儿的。
(6) 他的手术不是张大夫做的。
(7) 昨天晚饭我是吃的米饭，不是面条。

B. 当说话人表示强调某种观点、意见、评述时，可以用"是……的"句，全句带有说明情况或道理，以使对方接受或信服的语气。这种句子的"是"可以去掉不说。否定时，"不"放在"是……的"的内部。如：

(1) 那是不可能的。
(2) 我是从来不参加这种活动的。
(3) 他们提出的要求是合情合理的。
(4) 他昨天是同意我的意见的，可是今天又改变主意了。
(5) 我相信，若干年以后，这里的环境是会有很大变化的。

2. "比"字句

"比"字句表示比较。如：

(1) 他比我高。
(2) 他比我高一点儿。
(3) 他比我高三厘米。
(4) 他比我高得多。/ 他比我高多了。
(5) 我身体比以前好得多了。/ 我身体比以前好多了。
(6) 他比我更高。/ 他比我还高。

[①] 在"她父亲是个拉三轮车的"这样的句子里，"拉三轮车的"是"的"字短语，跟这里讲的"是……的"句式不同。

当一个句子的谓语本来就是一个"动词+'得'+情态补语"的格式时，"比……"可以放在补语之前，也可以放在动词之前。格式是：

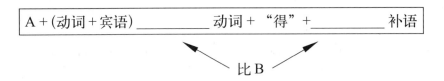

如：

(1) 他做生意做得比我好。

(2) 他做生意比我做得好。

"比"字句的否定形式是"a 不比 b……"，但是这种句子仅用于针对某种看法进行修正或辩驳。如：

(3) A：这件衣服小了点儿，给我换那件吧。

　　B：那件不比这件大。

从否定的角度进行比较，最常见的是"a 没有 b……"。如：

(4) 他没有我高。

(5) 他没有你这么能干。

3. "把"字句

"把"字句的基本格式是：

主语+"把"……+动词+其他成分

大多数"把"字句表示处置义，即：针对某个确定的事物，实施某个行为动作。这一行为动作往往使这个确定的事物受到某种影响，发生某种变化，产生某种结果。"把"字句的主语是这一影响、变化的广义上的引起者、责任者。如：

(1) 他们把老鼠打死了。

行为：打；确定的事物：老鼠；结果：死了。如图：

(2) 他把花儿放在花瓶里。

行为：放；确定的事物：花儿；结果：在花瓶里。如图：

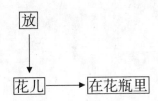

使用"把"字句应该注意的是:

"把"的宾语是可以受后面动词支配的,它所表示的事物是确定的,已知的。如:你把书架上的书整理一下。这时,说话人明确地知道"书架上的书"指的是哪些书。而且"整理"和"书架上的书"可以构成述宾短语。

动词前后通常总有一些其他成分。如:他把书不停地往柜子里放。他把书都放好了。但是不能说:他把书放。

否定词、能愿动词、时间词语应该放在"把"的前面。如:他没把雨伞拿走。他想把雨伞拿走。他昨天把雨伞拿走了。

以上是常见的"把"字句。另外还有几种"把"字句,意义稍有不同。

A. 主语 + 把 X 当做 / 作为 / 看成……Y。如:

(1) 我把你当做最好的朋友。

B. 把 + 处所 / 范围 + 动词 + 其他成分。如:

(2) 我把整个城市都找遍了,也没找到他。

C. "把"表示致使。如:

(3) 好不容易才买到两张票,可把我累坏了!

(4) 每天都是四十度以上,把人们热得都喘不过气来。

4. "被"字句

"被"字句的格式是:

主语 + "被"…… + 动词 + 其他成分

"被"字句表示某个事物因为受到某种影响而有所变化。"被"后的宾语可以不出现。如:

(1) 我被他吓了一跳。

(2) 词典被人撕掉了一页。

(3) 我的自行车被偷走了。

"被"字句的动词前,还可以加上"所"、"给"。加"所"以后书面语风格很强,加"给"则更加口语化。如:

(4) 我被这一情景所感动,情不自禁地加入到他们的行列中。

(5) 孩子被他给惯坏了。

在口语里，常用"叫"、"让"代替"被"。
　　（6）我让他给骗了。
　　（7）帽子叫大风吹跑了。
使用"被"字句应该注意的是：
在口语里，大部分"被"字句表示不愉快的、受损害的情况。如：我的钱包被人偷走了。
"被"字句的动词后面一般要有其他成分。如：花瓶让我给打碎了。
否定词、能愿动词、时间词语应该放在"被"的前面。如：我没让他打着。我能让他打着吗？我刚才让他打着了头部。

5. 存现句
存现句的格式是：

> 处所 + 动词…… + 人或事物

存现句可以分为三类：
A. 表示人或事物存在的。如：
　　（1）桌子上有一本书。
　　（2）靠墙是一排书架。
　　（3）商店门口围着一群人。
　　（4）办公桌上摆满了文件。
除了动词"有"和"是"以外，其他动词的后面大多有"着"或"了"。
B. 表示人或事物出现的。如：
　　（1）昨天我们家来了几个客人。
　　（2）前面走过来一个人。
C. 表示人或事物消失的。如：
　　（1）书架上少了一本书。
　　（2）张家死了人了。
使用存现句应该注意的是：
宾语前常常有"一个"、"几个"、"许多"等修饰，而不能用"这个"、"那个"等修饰。如：天上飞过去一群大雁。明朝末年，陕西出了一个李自成。
处所词语前一般不用介词，如：马路对面过来一个人。

四、表 达

(一) 话题

一个句子的话题,就是一个表述的出发点,是句子内容所围绕的中心,话题后面的部分,是对于话题的说明。一个句子选择什么词语充当话题,要看语境而决定。比较:

(1) 我看过这本书,不过没看懂。
(2) 我这本书看过,那本书没看过。
(3) 这本书我看过,挺不错。
(4) 这本书我看过,他没看过。

前两句的话题是"我",后两句的话题是"这本书"。

当受事做话题,施事不出现的时候,就成了传统上所说的"意义上的被动句"。如:

(5) 这本书卖完了。

充当话题的,应该是已知的、确定的事物。所以,我们可以说:

(6) 这本书我很喜欢。

但是从来不说:

(7) ×一本书我很喜欢。

再如下面两句中的"中国"和"她"也是话题:

(8) 中国人口多,面积大,资源丰富。
(9) 她头发长长的,眼睛大大的,戴一副眼镜,穿一条牛仔裤。

"人口多,面积大,资源丰富"都是在说明"中国","头发长长的,眼睛大大的"都是在说明"她"。

(二) 焦点

一句话中,说话人认为比较重要的,希望引起听话人特别注意的内容,就是焦点。焦点往往处于句子的谓语部分,特别是谓语里动词后面的部分。比较:

(1) 他在很认真地看朋友写来的信。
(2) 他在看朋友写来的信,看得很认真。
(3) 他打碎了花瓶。
(4) 他把花瓶打碎了。

根据表达的需要,为了突出"认真"和"碎",例(2)和例(4)把这些词移到了句末,作为表达的焦点。

"是……的"格式也是体现焦点的语法手段之一。比较:

(1) 他父母亲昨天来了。

(2) 他父母亲是昨天来的。

前一句的焦点在"来",说话人认为"来"是需要告诉对方的新信息的重点。后一句"昨天"是焦点,说话人认为对方已经知道"他父母亲来了",需要着重指出的是"来"的时间。

(三) 句子的口气

句子可以有种种不同的口气,例如:肯定,否定,强调,弱化,夸张,委婉,感叹,迟疑,揣测,申辩,不满,惊奇等等。即使是同一种口气,还有种种细微的差异。口气的表达手段也是多种多样的,叹词、语气词和语气副词,某些固定格式,双重否定句,反问句等都是常见的手段。

1. 相当一部分叹词是专门用来表达某种口气的。如:
   (1) 啊,伟大的母爱!
   (2) 哎呀,你真是的!
2. 汉语里的语气词则大多是专职表示语气和口气的。如:
   (1) 这件礼物他一定会喜欢的。
   (2) 房间里太热了!
   (3) 我当然会说上海话,我父母亲是上海人嘛。
   (4) 还早呢,你着什么急!
   (5) 他不会是出了车祸吧?
   (6) 你呀,得加油哇!
   (7) 不坐车怎么行?路远着呢!
   (8) 他只是跟你开个玩笑罢了,你还当真?
3. 语气副词在表达口气方面发挥着重要的作用。如下面的例子都有一个分句"这件事我不知道",但是加上不同的副词以后,句子的口气是不一样的,从上下文就可以看出来:
   (1) 这事儿我可不知道,以后出了问题别来找我。
   (2) 他们都搞错了,其实,这事儿我并不知道。
   (3) 这事儿我又不知道,干吗问我?

又如:
   (4) 他的表演简直太棒了,都赶上专业演员了!
   (5) 孩子毕竟是孩子,你别要求太高。
   (6) 听你这么一说,倒也不是没有道理。
4. 有一些固定格式,表示强调、夸张、不在乎等。如:
   (1) 你连我也不认识了?
   (2) 他连看都没看,就说不行。

(3) 我现在一分钱也没有。

(4) 春节我一天都没休息。

(5) 外面那个冷啊，简直冻死人！

(6) 那再好没有了。

(7) 以后我再也不相信他的话了。

(8) 你给我滚出去！

(9) 比就比，谁怕谁呀。

5. 双重否定，即一句话里通过两次否定表达肯定的意思。双重否定有的是为了表示强调口气，有的是为了表示委婉口气。如：

(1) 他们是老同学，不可能没有联系。

(2) 他一再请我去，我不能不去。

(3) 听到这个消息，没有一个人不感到失望。

6. 反问句。反问句的特点是"无疑而问"，即用疑问句的形式，来表示自己明确的看法。否定形式的疑问句表示肯定意义，肯定形式的疑问句表示否定意义。如：

(1) 这怎么可以？（＝当然不可以。）

(2) 这怎么不可以？（＝当然可以。）

反问句往往含有强调、不满、责怪等口气，带有比较强烈的感情色彩。

(3) 我给你寄了三封信，难道你都没收到？

(4) 我不是跟你说过吗？你怎么又忘了？

(5) 这么好的环境，你还不满意！

(6) 他为什么没来上课，你应该去问他自己，我怎么知道？

(7) 他一会儿一个主意，谁知道他究竟要干什么！

(8) 好大的口气！你是总统，还是总理？

（四）添加、省略和倒装

1. 添加

根据表达的需要，在句子里添加一些词语，这些词语表示特定的口气，或者表示应答、提示，或者带有补充说明的性质，它们不影响句子成分的结构关系，位置也比较灵活。添加的词语主要包括以下几类：

提醒注意。如：

(1) 你看，那不是老李吗！

(2) 她又在唱歌了，你听。

表示估量、判断。如：

(3) 看来，今年的经济情况没有去年好。

(4) 他好像不是本地人。

(5) 在这方面投资是值得的，我想。

表示强调。如：

(6) 这种人，说实话，我最看不起了。

(7) 不用说，他准又撞人了。

表示消息来源。如：

(8) 听说，他开了一家公司。

(9) 据报道，昨天晚上东海发生了一次地震。

从句子成分上说，它们属于独立成分。

2. 省略

在一定的语境中，某些成分可以不说出来，这就是省略。省略的成分是可以根据上下文或者特定的情境补出来的。如：

(1) A：你明天去哪儿？

B：（我明天去）北京。

(2) 我朋友打电话来，（她）说她明天到。

(3) （我）到了机场，我才发现忘了带机票。

(4) （我）收到你的来信，十分高兴。

省略不影响句型的确定。如句子（1）B的回答，我们仍然认为它是一个主谓句，只不过主语"我"，状语"明天"，动词"去"省略了。

3. 倒装

在一定的语境中，临时改变句子的常规语序，如把谓语放在前面，主语放在后面，或者把动词放在前面，状语放在后面，等等，就是倒装。

倒装现象在口头表达中比较常见，移到句子后面的部分常常轻读，带有追加、补充的性质。它跟前面的部分尽管书面上有逗号，但是实际说的时候常常连得很紧。如：

(1) 来了吗，都？

(2) 你就去吧，明天。

(3) 买一个吧，您哪！

(4) 怎么卖啊，这苹果？

倒装现象也出现在书面语中，那往往是作者刻意安排的，具有明显的文学色彩，如：

(5) 他终于站起来了，慢慢地，坚定地。

(6) 信件像雪片一样飞来，从学校，从农村，从工厂，从兵营。

(7) 要警惕啊，善良的人们！

倒装不改变句子成分的性质。如（1）里的"都"尽管在句子末尾，但仍然是状语。

（五）句子的复杂化

句子的复杂化有两种方式：一种是句子里包含了两个或两个以上的分句，成为复句；另外一种是，尽管是单句，但是内部的结构成分或结构关系特别复杂。

单句内部结构的复杂化，又可以分为两种情形：

1. 复杂短语甚至复句形式充当句法成分。如：

  （1）老人的幸福感来自<u>温暖的家庭，安宁的生活，社会的关心，个人抱负的实现和爱好的满足</u>。

  （2）那些<u>从事体力劳动，而且一整天重复着相同的动作，身体姿势很少变化</u>的人，休息的时候要特别注意活动几下动作较少的部位。

例句（1）中"来自"的宾语是一个由五个偏正短语组成的联合短语：

```
温暖的家庭，安宁的生活，社会的关心，个人抱负的实现和爱好的满足
└─────────────────────联合短语─────────────────────┘
|偏正短语| |偏正短语| |偏正短语|   |偏正短语|    |偏正短语|
```

例句（2）中"人"的定语是一个复句形式：

```
从事体力劳动，|而且一整天重复着相同的动作，‖身体姿势很少变化……
       递进                       并列
```

2. 定语或状语的逐层递加，即偏正短语的层层套叠。如：

  （1）<u>他刚才说的关于下一步工作的几点意见</u>，我不完全同意。

  （2）房间里放着<u>两个进口的高级牛皮沙发</u>。

  （3）他<u>流利地在笔记本上用中文</u>写下了自己的名字。

  （4）你<u>以前到底跟他</u>发生过什么关系？

前两句的复杂性在于定语的递加。

```
他刚才说的关于下一步工作的几点意见
└──────────偏正短语──────────┘
      └──────偏正短语──────┘
              └──偏正短语──┘
```

其中"几点"是"意见"的定语，"关于下一步工作"是"几点意见"的定语，"他刚才说"是"关于下一步工作的几点意见"的定语。

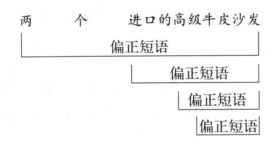

其中"牛皮"是"沙发"的定语,"高级"是"牛皮沙发"的定语,"进口"是"高级牛皮沙发"的定语,"两个"是"进口的高级牛皮沙发"的定语。

后两句的复杂性在于状语的递加。

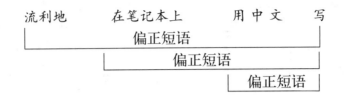

其中"用中文"是"写下了自己的名字"的状语,"在笔记本上"是"用中文写下了自己的名字"的状语,"流利"是"在笔记本上用中文写下了自己的名字"的状语。

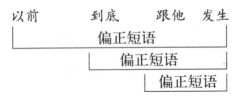

其中"跟他"是"发生过什么关系"的状语,"到底"是"跟他发生过什么关系"的状语,"以前"是"到底跟他发生过什么关系"的状语。

Dì-yī kè Hóngyè
第 一 课　红叶
Leçon un　Les feuilles rouges

教 学 目 标

1. 掌握本课词语。
2. 学习语法：
   a. "把"字句（2）
   b. "是……的"句（2）

教学重点

1. 词语重点：
   当（当做）　　弄　　到处　　美　　难怪　　一共
   从来　唯一　像　感动　笑话　舍不得　花
2. 语法重点：
   a. "把"字句（2）
   b. "是……的"句（2）

教学步骤

1. 词语教学：
   （1）词语认读
   　　当（当做）：
   　　把红叶当书签　　把啤酒当水喝
   　　她不把我当朋友看。

弄:
  (别) 把电话号码弄错了。
  把钱包弄丢了。
  把衣服弄脏了。
  把电脑弄坏了。

到处:
  房间里到处都是水,怎么回事?
  在那儿,到处都可以看到红叶。

美:
  真美　太美了　美极了
  美美地睡一觉　美美地吃一顿
  想得美

难怪:
  她在中国学过一年,难怪她汉语说得这么好。
  听说她病了,难怪今天没来上课。
  难怪房间里这么热,他把空调关了。

一共:
  一共多少钱?
  我们班一共有18个学生。
  那个地方我一共去过3次。

(2) 词语认读

从来:
  我从来不喝酒。
  他从来没去过中国。

唯一:
  唯一的朋友　唯一的礼物　唯一的爱　唯一的中国老师
  唯一的办法　唯一爱过的人

像:
  他画的老虎像一只猫。
  我觉得她像一个日本人。

感动:
  这个电影把很多人都感动了。
  很多人被这个电影感动得流下了眼泪。
  他的话感动了很多人。

笑话：

　　我说得不好，你们别笑话我。

　　你那样做会让人笑话的。

　　笑话！我怎么可能这么做呢。

　　我讲一个笑话给你听吧。

舍不得：

　　他有点儿舍不得花钱。

　　舍不得吃　　舍不得穿　　舍不得用

花：

　　这件衣服是我花200多元钱在中国买的。

　　钱都被我花完了。

　　我花了一个多小时才看完。

2. 课文教学：

　(1) 对话教学

　　　听录音，理解内容。

　　　提问：① 陈静为什么把香山红叶放在书里？

　　　　　　② 陈静把加拿大的枫叶叫什么？

　　　　　　③ 加拿大的枫叶什么时候最漂亮？

　　　　　　④ 杰克为什么很喜欢枫叶？

　　　　　　⑤ 为什么有人把加拿大叫"枫叶之国"？

　　　　　　⑥ 陈静为什么不马上把笔借给杰克？

　　　　　　⑦ 杰克知道加拿大国旗上的枫叶一共有几个角吗？你知道吗？

　　　对话解释，领读。

　　　学生分配角色读。

　(2) 短文教学

　　　听录音，理解内容。

　　　提问：① 陈静的生日是什么时候？

　　　　　　② 陈静的男朋友送给她的生日礼物是什么？

　　　　　　③ 陈静和男朋友认识多长时间了？

　　　　　　④ 陈静男朋友送给她的红叶是从哪儿弄来的？

　　　　　　⑤ 陈静收下红叶的时候，为什么特别感动？

　　　　　　⑥ 有人为什么笑话陈静？

⑦ 你觉得陈静的男朋友小气吗？
⑧ 你觉得爱情能不能/应该不应该用钱表达？

领读，解释难点。

学生朗读。

短文复述：陈静和她的男朋友。

3. 语法教学：

(1) "把"字句

X 把 Y VC 了

X：人/有能力、力量的事物。

C：动作的结果（一般是形容词）或趋向（趋向动词）。

你把我的衣服弄脏了。

我把护照弄丢了。

对不起，我把地址写错了。

她的话把我气坏了。

你把那本书给我拿过来。

你把地址写下来。

(2) "是……的"句

S 是 P 的

中国的长城是非常有名的。

东京的东西是非常贵的。

这样做是不行的。

这样说是可以的。

我是不会把这件事告诉她的。

不认真学习是学不好汉语的。

我觉得这个问题不是不可以解决的。

教学参考

1. 词语：

关于重点词语的补充说明：

当（当做）：多用在"把"字句中。

弄：口语里的多义动词，和"搞"相近。

美：口语（"美丽"是书面语）。"美"可以做补语，还可以是语素。如：

美事／美差／想得美／美女。新词语："美眉"网络词语，上网的（漂亮）女孩儿。跟"妹妹"、"美丽的眉毛"声音和意思有关。男性叫"大虾"（因为一直弯着腰坐在电脑前面），但不太好听，所以又叫"大侠"。

难怪：一般用在句子（主语）的前面，可以在前一分句，也可以在后一分句。表示明白或理解了某一情况。

从来：一般用在否定句中。"从来不／没VP"，只指过去的某一段时间。如果句子中没有参照时间，则指从过去到现在。如：我从来不抽烟。

唯一：做修饰语（定语），名词中心词前一般要用"的"。

舍不得："舍不得＋动词性短语／小句"。肯定形式是"舍得"。俗语"舍不得孩子套不住狼"意思是不愿意付出代价就不能（会）获得成功。

花：可以"花钱"，也可以"花时间"。

其他词语：

爱：一般不能用在"把"字句中，可以用在"被"字句中。

著名：和"有名"意思基本差不多，"著名"更有名一些。"著名作家／歌星／演员"等不用"有名"代替。现在"著名"用得太多，太随便，"著名"变得不"著名"了。

小气：一般不用"不"修饰。反义词是"大方"，不是"大气"。相关的词语有：小气鬼／小家子气。北方口语同义词：抠门。

生怕："就怕／只怕"的意思。后面一定是动词短语或小句。没有否定格式"不生怕"，只能说"生怕不／没VP"。

国花：没有作为生词出。

之：是古汉语的遗留，相当于现代汉语的"的"。类似的词语还有很多，如"鱼米之乡"、"友谊之花"、"感激之情"等等。

2. 语法：

(1) "把"字句

"把"字句是汉语语法的难点之一。什么时候在句法上必须用"把"字句，第二册已经学过。这里介绍一下什么时候在表达上可能用"把"字句。

① 说话人想表示某种结果（这个结果可能是某一目的的实现）的时候。如果结果是说话人不希望发生的，说话人的意思可能是想说明"把"的主语是责任者。反之，说话人的意思可能是想指出"把"字句主语的一种能力。例如：

你把我的衣服弄脏了。
对不起，我把地址写错了。
　　　造成某种结果的不仅是人，也可以是某种力量。因此"把"字句的主语可能是无生命的。例如：
她的话把我气坏了。
孩子的哭声把她吵醒了。
② 说话人想表示为了实现某一目的采取某一手段或行为的时候。例如：
你把信给我，我给你寄。
③ 说话人想表示某种目的的时候。例如：
把你的词典借给我看看。
　　　有些动词如"当/当做/看作/叫做"以及"成"做补语的动词短语，如"看成/听成/写成/变成"等。一般要求使用"把"字句。这些可以在词语教学时指出。
　　　本课的重点是介绍"把"字句表示结果的用法。

(2) "是……的"句
　　　第三册里已经学过"是 + 时间/地点/方式 + v. + 的"。这里的"是……的"句有所不同。前者中"是"是对比焦点的标记，"的"跟时间有关，"是"可以省略，"的"不能省略。可以有否定用法。
　　　本课的"是……的"句是一种强调格式。"是"和"的"一起表示确认的语气，所以在句法上不是必需的，"是"和"的"都可以去掉，但不能单独省略"是"。
　　　"是……的"句是含有评议、说明、描写语气。经常用在下面几种情况。
① 形容词做谓语。形容词含有评议成分，因此很多形容词谓语句可以变换成这种"是……的"句。如：
北京的夏天是很热的。
② 谓语中有助动词。"可以/可能/能/会"等助动词表示情态，也含有评价说明语气，所以也可以用"是……的"确认。如：
这个问题是可以解决的。/我是不会向他道歉的。
③ 否定句。这时否定表示一种评议，因此也可以用"是……的"确认。如：
上课的时候不能睡觉。/上课的时候是不能睡觉的。
④ 委婉肯定。"是……的"格式一般没有否定用法，除非是为了表示委婉的肯定。如：
这个问题不是不能解决的。/这个问题是能解决的。

3. 背景知识：

本课选红叶为谈论话题。因为很多地方秋天都有红叶，秋天的红叶为许多人所喜爱。加拿大的枫叶更是著名。

每个民族都用自己的方式赋予植物以象征意义。有时可能会有较大的差异，这是在学习语言时也应该注意的。

中国人认为梅、兰、竹、菊是高雅的"四君子"。松、竹、梅是"岁寒三友"。中国的国花有牡丹、荷花、菊花和梅花。牡丹是"花中之王"，象征高贵。

听力练习书面材料

对话：

男：张小美，怎么这么早就回来了？你男朋友没给你过生日吗？

女：男朋友？你说雅克？

男：当然是他，你什么时候换男朋友啦？

女：现在还没有。不过快了。

男：怎么了？

女：他太小气了。今天是我生日，他只送了一片树叶给我。

男：树叶？

女：一片他从加拿大带来的枫叶。他说枫叶可以表达爱情。

男：真有意思。

女：有意思？说得好听。我认识他快一年了，他从来没送过好东西给我。

问题：

1. 张小美今天怎么啦？
2. 张小美的男朋友是谁？
3. 今天是谁的生日？
4. 张小美觉得雅克怎么样？
5. 雅克为什么送枫叶给张小美？

短文：

小王的家在农村。父亲和母亲都是农民，没有多少钱给他。小王就自己去打工。因为知道钱来得不容易，所以他从来不随便花钱，从来不去饭店大吃大喝，他还特别爱惜东西，用旧了也舍不得扔掉。

小王和女朋友认识快两年了，从来没买过礼物送给女朋友。有人笑话他，说他太小气。小王听了也不生气。他觉得他现在没有钱，但是他有一颗爱心。爱情是用心来表达的，不是用钱表达的。

问题：
1. 小王的家在哪里？
2. 关于小王，下面哪种说法是错误的？
3. 小王和女朋友认识多长时间了？
4. 为什么有人说小王太小气？
5. 下面哪一个不是小王的意思？

《练习册》练习答案

一、词语和结构

3. 辨字组词：

摘花 / 红叶	捧 / 捧着 / 手捧
打工 / 电话	换车 / 人
推人 / 自行车	拍照
接朋友	撞车 / 人

4. 写出下面词语的反义词：

好 / 坏	好看 / 难看	好听 / 难听
好吃 / 难吃	好学 / 难学	好办 / 难办

5. 选词填空：
   (1) 会　(2) 会　(3) 能　(4) 能　(5) 能　(6) 会 / 能

6. 给括号里的词选择一个合适的位置：
   (1) A　(2) C　(3) B　(4) C　(5) B

7. 把所给的词组成句子：
   (1) 我一共去过10个国家。
   (2) 我一共学过800个生词。
   (3) 他 / 我从来不把我 / 他当朋友。
   (4) 陈静是我唯一的中国朋友。
   (5) 看上去今天可能不会下雨。

8. 用"是……的"改说下面的句子：
   (1) 我是不怕她们笑话的。
   (2) 这么大的事情，我是不会忘的。
   (3) 我觉得这种东西是不能当做生日礼物送人的。
   (4) 总统是很忙的。
   (5) 北京的夏天是很热的。
   (6) 我是从来不喝咖啡的。

9. 用下面所给的词填空：
   (1) 唯一　　(2) 象征　　(3) 把　　(4) 觉得　　(5) 下来
   (6) 好看　　(7) 书签　　(8) 像　　(9) 住　　(10) 只

10. 把下面的句子翻译成中文：
    (1) 她看上去不像一个老师。
    (2) 我觉得爱情比钱更重要。
    (3) 陈静生病了，难怪她今天没来上课。
    (4) 我的空调坏了，你能把它修好吗？
    (5) 这种小气的男人，我是不会喜欢的。
    (6) 他从来不把我当朋友。

二、听力理解
根据听到的内容，选择正确的答案：
对话：
1. B　　2. C　　3. B　　4. A　　5. C
短文：
1. C　　2. A　　3. C　　4. B　　5. C

四、阅读理解
根据短文内容，判断下面说法是否正确：
1. F　　2. F　　3. F　　4. F　　5. V

Dì-èr kè　Huāxīn luóbo
第二课　花心　萝卜
Leçon deux　Le radis au cœur fleuri

教学目标

1. 掌握本课词语。
2. 学习语法：
   疑问词的任指用法

教学重点

1. 词语重点：
   全　　　夸　　面前　　将来　　有关
   本来　　长　　样子　　轻　　重　　竟然
2. 语法重点：
   "谁"、"什么"表示任指

教学步骤

1. 词语教学：
   （1）词语认读
       全：
           全世界 / 全美洲 / 全国 / 全市 / 全校 / 全班 / 全家
           同学们全回家了。
           我把这个月的钱全花完了。

夸：
  大家都夸她汉语说得好。
  别夸她，你一夸她就不知道她是谁了。

面前：
  你面前 她面前 老师面前
  词典就在你面前呢。

将来：
  那是将来的事儿。
  你将来打算干什么？

有关：
  跟……有关（系）
  这件事儿跟你有关吗？
  这件事儿跟我没有关系／跟我无关。
  我想去图书馆借有关中国历史方面的书。

(2) 词语认读

本来：
  我本来不知道这件事儿。
  今天我本来打算去看电影，没打算跟陈静去看"抓周"。

长(zhǎng)：
  长大了 长大以后 长得很漂亮 长得很高

样子：
  生气的样子 高兴的样子 什么样子 这个样子

轻／重：
  那台旧电脑很重，这台新电脑很轻。
  声音很轻／重
  打得很轻／重
  礼物很轻（指便宜，花钱少）
  礼物很重（指贵，花钱多）／贵重

竟然：
  这么重要的事情，你竟然不知道。
  我没想到她竟然会说汉语。

2. **课文教学：**

    (1) 对话教学

    听录音，理解内容。

    提问：① 雅克本来要请陈静干什么？

    ② 陈静今天晚上要干什么？

    ③ 今天是谁的生日？

    ④ 陈静的侄儿多大了？

    ⑤ 什么是抓周？

    ⑥ 雅克打算送什么礼物给陈静的侄儿？

    领读，解释难点。

    学生分配角色读。

    (2) 短文教学

    听录音，理解内容。

    提问：① 雅克为什么不看电影了？

    ② 陈静的侄儿长得怎么样？

    ③ 雅克送给孩子的生日礼物是什么？他为什么有点不好意思？

    ④ 大人们在桌子上放了些什么？

    ⑤ 孩子最后抓的是什么？

    ⑥ 大家为什么说孩子将来是个"花心萝卜"？

    领读，解释难点。

    学生朗读。

    短文复述：抓周。

3. **语法教学：**

    疑问代词不表示疑问：

    (1) 谁也不会把一片树叶当生日礼物送给女朋友。

    我什么都不想吃。

    我哪儿都不想去。

    (2) 谁想去谁去。

    你爱吃什么就吃什么。

    你什么时候有空儿什么时候去。

    哪儿热闹我去哪儿。

教学参考

1. 词语：

    关于重点词语的补充说明：

    全："全"只表示范围，不表示语气。"全"可以修饰名词：全中国/全加拿大/全美国/全美/全球/全世界。"都"没有这个用法。"全都"一起出现，"全"表范围，"都"表语气。如：他们全都走了。（"都"要读轻声）

    面前："面前"也可以受抽象名词的修饰。如：（在）事实/真理面前。但不能受具体名词的修饰，如：桌子面前/教室面前/大楼面前。

    将来：时间名词。"以后"和"将来"的区别："以后"是相对于参照时间来说的，参照时间可以是现在，也可以是过去，还可能是未来的某一事件之后，所以可以有"VP以后"，或"具体的时间+以后"。"将来"没有这种用法，其参照时间只能是现在或说话时间。

    有关："有关"修饰名词时一般不用"的"。如：有关人员/有关问题/有关事项。

    本来：可以出现在句首，后续句往往表示情况发生了变化。如：本来我不想去，可是看别人都去了，我就去了。

    样子：惯用语"看样子"也可以表示说话人的估计和判断，和"看上去"意思相近。如：看样子要下雨了。

    轻/重：本来指物体的重量。引申到钱、味道、语气等方面。"礼物轻/重"是说礼物值钱不值钱；"口味轻/重"是说某人对调味品的要求等。在引申意义方面，"重"用得比"轻"多。

    竟然：只能用在主语的后面。表示后面的情况是说话人没想到或者认为不应该发生的。

本课的形容词及其反义词：

    胖/瘦　聪明/笨　活泼/严肃　轻/重　高级/低级

    胖：胖子/大胖子/胖墩儿，同义词"肥"多指动物的"胖"，但人可以说"减肥"。新名词是"瘦身"。

    聪明：聪明人/笨蛋。俗话：聪明反被聪明误。意思是太聪明了，反而不会成功。

    高级：高级/低级（初级），高档/低档。"级"和水平、质量有关，"档"和钱有关。只有"高级"既跟水平有关，也和钱有关。注意："高级/高档"修饰名词不用"的"。如：高级/高档宾馆，高级/高档服装。

其他词语：
抓：补语是"住/起"。
摸：补语是"到/着"。
欢迎：不能用在"把"字句和"被"字句中，也不能跟"着"。可以说"受到了欢迎"。
举行：举行仪式/活动/会议。不能用在"把"字句和"被"字句中，也不能跟"着"。
小家伙儿/这家伙/老家伙：只有"小家伙儿"表示爱称。"这/那家伙"可以用来指称熟悉的人；"老家伙"则有骂人的意思，但年纪大的人可用来自称。

2. 语法：
(1) 疑问代词的任指用法

疑问代词可以不表示疑问，而表示任指（任指和遍指）、虚指。

疑问代词的基本功能是问。但它也有不表示问的时候。这时候它的所指可以是任何一个（任指），也可能是所有的都不例外（遍指，也是一种任指），还可能是不确定的甚至不知道的（虚指）。"谁/什么/哪儿"都有这种用法。例如：

谁也不知道他去哪儿了。
你可别看他小，他什么都懂。（任指）
他这个人真是，什么爱好都没有。（遍指）
他好像有什么心事。（虚指）
我今天哪儿都不去，就呆在家里。

当一个句子有两个相同的疑问代词时，它们一般指称同一个对象。例如：

谁知道谁就回答。
你什么时候有时间就什么时候来。
哪儿好玩我去哪儿。

口语里的两个说法：
爱谁谁。（爱V谁V谁，跟"我"没关系）
这都哪儿跟哪儿呀。（表示两者没有必然的关系）

注意：课文中"看看这个，摸摸那个"中，"这个"和"那个"对举，其中"这/那"不表示确指。指任意一个或比较多。

本课的重点是疑问词的任指用法。

(2) 话题转换

两个人在谈话的时候,用"对了"引出一个新话题。有时表示忽然想到了一个什么问题。

(3) 提前出现的语法

本课对话部分"他懂什么呀/那怎么行"两句是反问句。反问句作为语法点将在第四课里讲。这里只告诉学生"他懂什么＝他什么都不懂","那怎么行＝那不行"就可以了。

3. 背景知识:

(1) 关于红包

中国人在别人有值得庆贺的事情时会送钱表示祝贺。这些钱一般用红纸包起来,所以叫红包。另外,过年的时候长辈会给晚辈特别是孩子红包；公司老板在特别的时候也会给职员发红包（奖金）。

(2) 关于生日

中国人比较重视生日。特别是小孩和老人的生日。孩子的一周岁生日、十二岁生日都是很重要的生日。老人的六十岁、七十岁和八十岁生日都可以称为大寿。成人以后的生日,过生日那天要吃面条（长寿面）,特别是在北方。另外,本命年（正好是自己属相的那一年）的生日也比较重要。

听力练习书面材料

对话:

女:今天咱们去哪儿玩啊?
男:你说去哪儿就去哪儿。
女:我喜欢热闹的地方。
男:那哪儿人多咱们去哪儿。
女:我喜欢安静的地方。
男:那哪儿人少咱们去哪儿。
女:你这人怎么这样?我哪儿都不想去了。
男:行。那咱们就在家里呆着,我说个笑话给你听吧。
女:没意思。

问题：
1. 女的开始说喜欢什么样的地方？
2. 女的为什么哪儿都不想去了？
3. 女的觉得男的怎么样？
4. 女的觉得什么没意思？
5. 这两个人可能是什么关系？

短文：

有一家人给孩子过一周岁生日，这家人的亲戚朋友都来祝贺。第一位客人说，这孩子长得又白又胖，将来一定很健康，孩子的爸爸妈妈听了很高兴；第二位客人说，这孩子长得真可爱，将来一定有很多女孩子喜欢他，孩子的爸爸妈妈一听就笑了起来；第三位客人说，这孩子看上去很聪明，孩子的父母也很高兴；第四位客人说，这孩子将来肯定会死的。孩子的爸爸妈妈很生气，大家一起把那个人打了一顿。你想，谁能不死呢？第四位客人说的是真话，可是这话谁也不爱听。他在这个时候说这种话，父母亲能不生气吗？连我们听了都生气！

问题：
1. "这孩子看上去很聪明"是第几位客人说的？
2. "这孩子长得又白又胖"是第几位客人说的？
3. "这孩子长得真可爱"是第几位客人说的？
4. 孩子的爸爸妈妈把哪一位客人打了一顿？
5. 孩子的爸爸妈妈为什么打那位客人？

《练习册》练习答案

一、词语和结构

3. (1) —e   (2) —d   (3) —a   (4) —b   (5) —c
    (6) —g   (7) —j   (8) —i   (9) —h   (10) —f

4. 选词填空：
    (1) 将来/以后   (2) 以后   (3) 将来/以后   (4) 以后

5. 给括号里的词选择一个合适的位置：
   (1) B   (2) B   (3) A   (4) C   (5) C

6. 把所给的词组成句子：
   (1) 你们什么时候去都可以。
   (2) 你们谁去都可以 / 谁都可以去。
   (3) 他们谁也不会相信我 / 他们谁我也不会相信。
   (4) 你想什么时候去就什么时候去。
   (5) 你想去哪儿就去哪儿。
   (6) 你想给谁打电话就给谁打电话。

7. 用所给的词语填空：
   (1) 本来   (2) 表演   (3) 主角   (4) 聪明
   (5) 夸   (6) 将来   (7) 竟然

8. 把下面的句子翻译成中文：
   (1) 谁也不知道这件事是什么时候发生的。
   (2) 谁也没想到这孩子最后抓的竟然是口红。
   (3) 将来的事情，谁也说不清楚。
   (4) 你把玩具放在孩子面前，他喜欢什么就会拿什么。
   (5) 我本来不知道这件事，是陈静告诉我的。

二、听力理解
   对话：
   1. A   2. B   3. B   4. C   5. A
   短文：
   1. C   2. A   3. B   4. D   5. D

四、阅读理解
   1. V   2. F   3. F   4. F   5. F

Dì-sān kè　Bié gēn zìjǐ guòbuqù
第三课　别　跟　自己　过不去
Leçon trois　Ne sois pas trop exigeante envers toi-même

教学目标

1. 掌握本课词语。
2. 学习语法：
   固定格式

教学重点

1. 词语重点：
   帮忙　习惯　地道　而且
   毕业　其实　基本　说不定
2. 语法重点：
   a. 既……，又/也……
   b. 连……都/也……

教学步骤

1. 词语教学：
   (1) 词语认读
   帮忙：
   　　帮个忙/帮我一个忙
   　　要我帮什么忙？
   　　他不肯帮忙。

帮忙把这封信送给老师。

而且：

他会说汉语，而且还去过中国。

他不会说汉语，而且他以前从来没去过中国。

他会说汉语，而且说得很好。

习惯：

好习惯　　坏习惯　　生活习惯　　学习习惯

不习惯　　习惯了/还没有习惯　　听习惯了/看习惯了

我还没有习惯这里的生活。

地道：

我喜欢吃地道的四川菜。

这儿的中国菜不地道。

他是地地道道的北京人。

(2) 词语认读

毕业：

他是（从）北京大学毕业的。

我大学毕业十年了。

其实：

他看上去有20岁，其实他今年才16岁。

我跟他说我去过英国，其实我没去过。

基本：

老师说的话我基本（上）听懂了。

以前学的东西我基本（上）全忘了。

咱们学的都是基本的东西。

说不定：

说不定他已经走了。

去不去现在还说不定。

2. 课文教学：

(1) 对话教学

听录音，理解内容。

提问：① 白小红请江山帮什么忙？

② 白小红为什么请江山帮忙？

③ 江山为什么不帮白小红？

④ 白小红为什么想早点学会标准的美国英语？
⑤ 江山为什么说白小红是"跟自己过不去"？

领读，解释难点。
学生分配角色读。

（2）短文教学

听录音，理解内容。
提问：① 江山的英语怎么样？
② 为什么说加拿大和美国都是移民国家？
③ 白小红的英语怎么样？
④ 江山为什么说"中国英语"将来可能变成英语的一种方言？
领读，解释难点。
学生朗读。
短文复述：请介绍一下江山的情况。
请介绍一下白小红的情况。

3. **语法教学：**

固定格式

（1）既……，又/也……

我既想看京剧，又想看电影。
我既不想上课，也不想打工。

（2）又……，又……

韩国菜又酸又辣。
那儿的衣服又好看又便宜。

（3）一边……，一边……

我喜欢一边吃饭，一边看书。
咱们边吃边谈吧。

（4）越……越……

快点把书给我寄来，越快越好。
他越说越快，越说越高兴。
夏天来了，天气越来越热。

（5）连……都/也……

他连简单的汉语也不会说。
连美国总统是谁你都不知道？

(6) Adj.＋着呢（表示程度高）

早着呢　　大着呢　　高着呢　　好看着呢　　便宜着呢

北京烤鸭有名着呢。

这种事儿多着呢。

教 学 参 考

1. 词语：

关于重点词语的补充说明：

帮忙："帮倒忙"，意思是本来想帮助对方，但却给对方带来了麻烦。"你这不是帮倒忙嘛"。开玩笑的说法："越帮越忙"。如：你还是别帮我了吧，你越帮，我越忙。

习惯：不能用在"把/被"字句中，也很少带"着/过"。

地道："道"一定要轻声。否则意思是"地下通道（人行地道）"。

而且：用来连接并列的小句。经常和"不但/不仅"等配合使用，也可以单独使用。用在后续句（主语）的前面。

毕业：不能用在"把/被"字句中，也不能带"着/过"。书面的说法：毕业于××大学。

其实：一般用在后续句或后续语段的开头，带有转折意味。

基本：用在动词短语前面都可以说成"基本上"；修饰名词时不能带"上"，一般也不用"的"。如：基本问题、基本情况。

说不定：表示估计和推测，说话人的倾向比较明显。如：那个人是亚洲人，说不定还是个中国人呢。"说不定/也许/可能"都可以表示估计和推测。如：他也许/可能/说不定不来了。答话时，如果表示基本同意或附和，用"也许/可能"；如果表示不太同意，用"说不定"。"说不定"可能是动词性短语。如：明天你去吗？现在还说不定。

其他词语：

奇怪：重叠形式是"奇奇怪怪"。

总是："老是"的同义词。

你别总是看电视，也应该看点别的。

他的口音太重，总是发不好这个音。

实话：真话。
　　　你跟我说实话，到底喜欢不喜欢这种方法？
　　　实话跟你说了吧，我已经找过他了，但是他不愿意帮忙。
简单：重叠形式是"简简单单"。反义词是"复杂"。
　　　这个词的用法很简单。
　　　事情很简单，打一个电话就可以解决了，不需要请别人帮忙。
　　　我把情况简单地介绍一下。
　　　说吧，简单点儿！
　　　我把事情想得太简单了。
正常：没有重叠形式。反义词是"反常"。
　　　刚到一个新的地方会觉得不习惯，这是很正常的。
　　　最近的天气有点不正常，小心感冒。
　　　名人也是人，也希望过正常人的生活。
过不去："A跟B过不去"是口语用法，意思是"A故意找B的麻烦"。例如：
　　　你为什么总是跟我过不去？
　　　你这是故意存心和我过不去。
　　　也可能是自己和自己过不去，例如：
　　　差不多就行了，干吗和自己过不去。
　　　"过得去"的意思是差不多，还算可以。
　　　怎么样？我的英语还过得去吧。
变成："成"可以跟在很多动词后边。
　　　说成/读成/看成/听成……把XV变成了Y
重："口音重"的"重"是程度深的引申义，表示口音不标准。

2. 语法：

(1) 既X，又/也Y

　　并列复句。X、Y的位置可以互换。

(2) 一边X，一边Y

　　X、Y是结构比较简单的动宾短语，甚至是光杆动词。没有否定格式。

(3) 又X又Y

　　X、Y是同向形容词，在意义上都属于"好的/希望的"或者相反。如：

　　他汉语说得又快又标准。

　　苹果又大又便宜。

　　注意：X、Y不能受"不"修饰。

(4) 连 X 都/也 Y

这是汉语里的一种焦点结构。

连＋名词＋都/也 VP（proposition）

这个问题连三岁的孩子都会。

这个问题连老师都不会。

它常常用在下面的场合：

① 带后续句，表示某种现象是正常的。

这件事连我都不知道，他怎么会知道？（他自然不知道。）

这件事连他都知道了，我怎么不知道？（我自然知道。）

② 强调达到了很高的程度。（学生用书上没提这种用法）

他连饭都没吃就走了。（强调他非常着急或很生气等）

句子中的主、谓、宾都可以被"连"强调，强调的对象不同，句子表达的意思也不同。例如：

连张老师也不会回答这个问题。（问题很难，我不会回答是正常的）

张老师连这个问题也不会回答。（张老师的水平不高）

这个问题张老师连回答都不回答。（张老师不重视这个问题）

(5) 形容词＋着呢

口语用法。表示肯定，含有夸张的意思。形容词不能再受"很、太、非常"等修饰。如不能说"很多着呢"。

3. 背景知识：

汉语方言的差异较大（参看第一册的文化点）。

中国过去一般从中学开始学习英语，现在有些地方特别是大城市的小学从一年级开始就开始上英语课。发音一般是"英国英语"。

 听力练习书面材料

对话：

男：哎，小红，你的普通话说得真地道。

女：哪里，哪里。其实我的普通话也有口音。很多中国人说的普通话都有一些口音。就连北京人说的普通话也有口音。

男：是吗？北京话的语音不就是普通话的语音吗？

女：不能那么说。北京话也是汉语的一种方言，也有它特别的地方。比如北京话的儿化就特别多。

男：别的方言没有儿化吗？
女：有，但是没有北京话那么多。所以北京人说普通话，儿化就比别人多。
男：儿化有特别的意思吗？
女：当然。儿化可以把一个东西说得小一些，可以表达喜欢的意思。
男：比如说……
女：比如说孩子，要说"小孩儿"，如果不儿化，说成"小孩"，听起来就不舒服。
男：我知道了，如果是男的，就说男孩儿，如果是女的，就说女孩儿。
女：你真聪明。现在有的二十多岁的人，大学已经毕业了，还喜欢别人把他们叫"男孩儿，女孩儿"呢。
男：他们已经是大人了，可不可以把他们叫"大人儿"？
女：那不行。不过，说小孩儿的时候可以说"小大人儿"。

问题：
1. 白小红的普通话怎么样？
2. 关于北京话，下面哪种说法是正确的？
3. 关于儿化，下面哪种说法是不正确的？
4. "男孩儿"和"女孩儿"的年纪可能是多大？
5. "小大人儿"是什么意思？

短文：

汉语有7种重要的方言。这些方言基本上可以分成北方方言和南方方言。北方方言就是北方话。南方方言有湖南话、江西话、上海话、广东话、福建话和客家话。北方的大山、大河不多，交通比较方便，方言比较少。南方山比较多。山越多，交通越不方便的地方，方言也越多。

普通话的语音是北京话，词语和语法都是北方话。为什么？原因很简单，因为从八百多年前到现在，北京都是中国的首都。上海人可能听不懂广东话，但是听得懂北京话；广东人呢，听不懂上海话，但是也能听懂北京话。

现在说普通话的人越来越多。但是不少人说的是地方普通话，就是有口音的普通话。

问题：
1. 汉语有几种重要的方言？
2. 广东话是什么方言？

3. 为什么中国南方的方言比较多？

4. 为什么把北京话的语音当做普通话的语音？

5. 什么是地方普通话？

 《练习册》练习答案

一、词语和结构

3. 填写适当的名词：

简单的<u>问题</u>　　唯一的<u>礼物</u>　　奇怪的<u>原因</u>

重要的<u>情况</u>　　地道的<u>中国菜</u>　　小气的<u>男朋友</u>

4. 选词填空：

说不定　　不一定

（1）不一定　　（2）不一定/说不定　　（3）说不定　　（4）不一定

可能　　也许

（1）可能/也许　　（2）可能　　（3）可能　　（4）可能

5. 给括号里的词选择一个合适的位置：

（1）B　　（2）B　　（3）A　　（4）A　　（5）C

6. 把所给的词组成句子：

（1）这个问题的原因其实很简单。

（2）我以前学的是日语。/ 我以前是学日语的。

（3）很多人是从亚洲移民过来的。

（4）你写的字别人能看清楚就行了。/ 别人能看清楚你写的字就行了。

（5）我想请你把那个包拿下来。

7. 用所给的词语改说句子：

（1）江山一边吃饭，一边看电视。

（2）他既会说英语，又会说法语。

（3）陈静的侄儿又活泼又聪明。

(4) 夏天快来了，天气越来越热。
(5) 她连外国人长得什么样儿都不知道。

8. 用下面所给的词填空：
(1) 提出　　(2) 觉得　　(3) 帮忙　　(4) 标准
(5) 基本　　(6) 正常　　(7) 其实　　(8) 过不去

9. 把下面的句子翻译成中文：
(1) 我喜欢一边喝啤酒，一边看足球比赛。
(2) 坐飞机又快又舒服。
(3) 我既没去过北京，又没去过上海，我只去过西安。
(4) 看的人越多，他们表演得越高兴。
(5) 你怎么连这么简单的问题都不会？

二、听力理解
对话：
1. B　　2. B　　3. B　　4. C　　5. B
短文：
1. B　　2. B　　3. A　　4. C　　5. B

四、阅读理解
1. F　　2. V　　3. F　　4. F　　5. F　　6. V

Dì-sì kè Gè yǒu suǒ ài
第四课 各有 所爱
Leçon quatre   À Chacun son goût

教学目标

1. 掌握本课词语。
2. 学习语法：
   a. 反问句
   b. 否定比较句

教学重点

1. 词语重点：
   原来　　迷　　只要　　难道　　不管　　为了
   联系　　愿意　　拒绝　　偶尔
2. 语法重点：
   反问句

教学步骤

1. 词语教学：
   (1) 词语认读
      原来：
         这个地方原来没有湖。(现在有了)
         他原来是一家公司的老板。(现在不是)
         我原来不喜欢看京剧。(现在喜欢了)

原来你就是王老板啊。
怪不得你对那儿很熟悉，原来你以前在那儿工作过。

迷：
不知道从什么时候开始，他迷上了足球。
我们都被精彩的表演迷住了。

只要：
你只要打个电话，就会有人给你送来。
只要好好儿学，就一定能学会。

难道：
难道你也不知道这件事？
难道看看也不行吗？
我这样做难道错了吗？

不管：
不管是谁，上课的时候都不能抽烟。
不管在哪儿，都可以上网。

为了：
为了来美国留学，他天天学英语。
为了完成老师的作业，我昨天晚上只睡了三个小时。
陈静这样做都是为了男朋友。

(2) 词语认读

联系：
到美国来以后，我还没和朋友联系过。
大学毕业以后，我们从来没有联系过。
你跟他们联系一下，看他们什么时候有空儿。
咱们怎么联系呢？／咱们电话联系吧。

愿意：
他不愿意这样做。
你愿意吗？
他有钱，但是不愿意借给别人。

拒绝：
总统拒绝回答这个问题。
他提出的要求被拒绝了。

偶尔：
我喜欢看足球比赛，偶尔也看篮球比赛。
那儿的中国人比较少，不过偶尔也能看见一些。

2. 课文教学：

   (1) 对话教学

   听录音，理解内容。

   提问：① 丁汉生在看什么球赛？

   ② 江山喜欢哪个球队？

   ③ 江山觉得乔丹怎么样？

   ④ 江山以前喜欢篮球吗？

   ⑤ 江山喜欢看什么样的篮球比赛？

   ⑥ 江山为什么那么喜欢篮球？

   ⑦ 篮球是怎么发明的？

   对话解释，领读。

   学生分配角色读。

   (2) 短文教学

   听录音，理解内容。

   提问：① 江山为什么生我的气？

   ② 我为什么拒绝江山？

   ③ 江山喜欢什么？

   ④ 我喜欢什么？

   ⑤ 我和江山有没有一样的爱好？

   ⑥ 我和江山，谁的乒乓球打得好？

   领读，解释难点。

   学生朗读。

   短文复述：各有所爱。

3. 语法教学：

   (1) 反问句

   我有什么办法？（我没有办法。）

   你怎么会不知道呢？（你不会不知道／你知道。）

   （想当总统？）你有那个水平吗？（你没有那个水平。）

   A：难道……（吗）？

   难道你也爱看乒乓球比赛？

   难道我不能这样做吗？

   B：不是……吗？

   你不是爱看足球比赛吗？

你不是不抽烟吗?

C：有什么……的?
这有什么难的?（这不难）
这有什么不明白的?

D：能……吗?
你这样说，他能不生气吗?（当然生气）
你这样学，能学得好吗?（当然学不好）

(2) 否定比较：X 没有 Y V 得 A
我的汉语没有他说得流利。
我说汉语没有他说得流利。
他说汉语比我说得流利。
我的汉语没有他的流利。
他的足球没有我踢得好。
他踢足球没有我踢得好。
我踢足球比他踢得好。
他的足球没有我的好。

教学参考

1. 词语：

关于重点词语的补充说明：

原来：①跟现在相对；②表示明白、知道了某一事实或情况。注意：第一个意思可以出现在主语后面，不能轻声；第二个意思一般出现在主语前面，读轻声。

迷：还可以做名词后缀。例如：球迷／歌迷／电影迷／电脑迷／小说迷／成龙迷。

难道：可以表示说话人的推测。如：难道出什么事了?／难道他把这事儿忘了?

愿意：心理动词。不能用在"把"字句和"被"字句中。后接动词性短语或小句。否定形式只能是"不愿意"。

偶尔：表示频度，反义词是"平时"或"经常"。

只要／不管／为了：请参看"语法"部分。

其他词语：

经常：用在主语之后，动词之前。和"常常"的意思、用法相同。反义词是"偶尔"。

比如：口语的说法还有"比方（说）"。

球星："星"是一个名词后缀。用来指有名的人，"歌星/明星"、"丑星"。

爱好：可以做动词用。如："他爱好打篮球"。

2. 语法：

（1）反问句

关于反问句，下面几点请注意：

① 反问句主要是一种语气，陈述句和各种疑问句都可以加上反问语气。

② 反问句是"明知故问"，不要求回答。因为是明知故问，所以反问句表达的意思和句子的形式表达的意思相反。肯定的形式表达的是否定的意思，否定的形式表达的是肯定的意思。也因为是明知故问，反问句表示的语气不够礼貌，要注意使用场合。

③ "难道"有时表示说话人对事实的判断和猜测，这时句子不表示反问。

难道他不知道这件事（吗）？ （我以为他知道这件事儿）

难道他真的不知道这件事儿？

④ 不也/都/就是……吗 = 也/都/就是……。

"不是X吗"中的X可以是肯定形式，也可以是否定形式，但"不也/都/就是X吗"中X一般是肯定形式。

⑤ 能X吗：

"X"可以是肯定形式，也可以是否定形式。注意肯定形式表示否定，否定形式表示肯定。

（2）否定比较和"的"字结构：X的Z没有YV得A

请注意：①"X的Z"中X和Z之间是施事和受事的关系，即存在"XVZ"；② A部分只能是光杆形容词。不能说：他的足球没有我踢得好一点儿/得多。

（3）本课出现了两种复句：条件复句（只要/不管）和目的复句（为了）。建议只作为关联词语进行教学。本册第十一课有复句小结。

只要：一般出现在前一分句。经常一起出现的是"就"。构成"只要……就……"格式。"只要……"表示条件。表示在说话人看来，条件不多，也不难做到。如：只要交3000块钱，你就可以参加我们的"中国三日游"旅行团。

请注意：有时候"要"是一个动词。如：我只要这个，不要别的。

不管：表示无条件。一般出现在前一个分句。后面一般是"都/也"。构成"不管……都/也……"格式。格式的意思是在任何条件下，结果都一样。

不管是学生还是老师，都应该遵守学校的规定。
不管总统还是一般的人，都应该遵守法律。
不管你说得多么好听，我都不相信。
不管什么时候，你都可以给我打电话。

为了：表示目的。后面一般是一个动词性短语。构成"为了VP$_1$，VP$_2$"。

为了能得到好的成绩，他每天都努力地学习。
为了能多赚点钱，他一个人要做两份工作。
"为了"后面也可能是名词或者代词，这时"为了"表示对象。
为了孩子，父母再辛苦也心甘情愿。

听力练习书面材料

对话：

男：原来你也喜欢看足球比赛呀？
女：怎么，不可以吗？
男：不，不，不是那个意思。我是说，咱们的爱好一样。我是一个足球迷。只要有足球比赛，我肯定要看。
女：难道普通的足球比赛你也看吗？
男：看。不管是什么水平的比赛，我都看。
女：我只看英格兰队的比赛。
男：为什么？
女：因为足球是在英格兰发明的。
男：这都哪儿跟哪儿呀。足球是在英格兰发明的，可是英格兰的足球水平不是最高的。为什么只看英格兰的比赛？
女：嗨，跟你说了你也不懂。
男：你是喜欢那个球星贝克汉姆（BECKHAM）吧？
女：是又怎么啦？

问题：

1. 关于男的，下面说法哪个是正确的？

2. 关于女的,下面哪个说法是正确的?
3. 足球是在哪儿发明的?
4. 女的为什么只喜欢看英格兰队的比赛?
5. 男的和女的爱好一样吗?

短文:
　　俗话说,萝卜青菜,各有所爱。这本来说的是有关吃的爱好。有的人喜欢吃甜的,有的人喜欢吃辣的,也有的人喜欢吃酸的,还有人喜欢吃臭的。上海、江苏、浙江这些地方的人喜欢吃甜的,不管什么菜,里面都要放糖;四川、江西、湖南这些地方的人喜欢吃辣的,不管做什么菜,里面都要放辣椒。有个笑话说四川人不怕辣,湖南人辣不怕,江西人怕不辣。你说谁最喜欢吃辣的?
　　最喜欢吃酸的人是山西人,不管做什么菜都要放醋。不过最爱吃醋的不一定是山西人。为什么?问你的汉语老师吧。

问题:
1. 短文里一共提到了几种味道?
2. 做菜喜欢放糖的是?
3. 做菜喜欢放醋的是?

《练习册》练习答案

一、词语和结构

3. 把同义词/近义词连接起来:
　　(1)-d　　(2)-c　　(3)-a　　(4)-b　　(5)-e

4. 选词填空:
　　(1) 原来　　(2) 原来/本来　　(3) 本来

5. 给括号里的词选择一个合适的位置:
　　(1) A　　(2) A　　(3) A　　(4) B　　(5) B

6. 把所给的词组成句子:
　　(1) 为了完成作业,我昨天晚上差不多没睡觉。

(2) 只要有时间我就去上网。
(3) 不管什么时候你都可以给我打电话。
(4) 我原来经常打乒乓球。／原来我经常打乒乓球。
(5) 难道你不明白我的意思吗？／你难道不明白我的意思吗？／我的意思你难道不明白吗？

7. 用所给的词语改说句子：
(1) 这件事我已经告诉过你了。
(2) 这么多作业，一个小时不可能做完。
(3) 他一定要去，我没有办法。
(4) 乒乓球是中国的"国球"，我当然喜欢。
(5) 这没有什么（好）奇怪的。

8. 用下面所给的词填空：
(1) 爱好　　(2) 不管　　(3) 只要　　(4) 比如　　(5) 带劲
(6) 水平　　(7) 发明　　(8) 偶尔　　(9) 普通

9. 把下面的句子翻译成中文：
(1) 难道你也不知道这件事吗？
(2) 难道张老师今天不来了？
(3) 不是已经告诉过你吗？我不喜欢踢足球。
(4) 这种电影有什么好看的？
(5) 他是我最好的朋友，他喜欢什么我能不知道吗？

二、听力理解
对话：
1. A　　2. B　　3. A　　4. C　　5. B
短文：
1. C　　2. B　　4. B

四、阅读理解
1. V　　2. V　　3. F　　4. V　　5. V

Dì-wǔ kè　　Zhǎobuzháo běi
第五课　　找不着　北
Leçon cinq　Se perdre

教学目标

1. 掌握本课词语。
2. 学习语法：
 a."着(zháo)"做补语
 b."了(liǎo)"做补语

教学重点

1. 词语重点：
 收拾　根本　准备　包括　除非
 自从　于是　的确　感觉　了解　实在
2. 语法重点：
 a."着"做补语
 b."了"做补语

教学步骤

1. 词语教学：
 （1）词语认读
 　　收拾：
 　　　收拾房间　　收拾衣服　　收拾书包
 　　我的房间太乱了，需要收拾一下。

把你的书包收拾一下。

根本：

我根本（就）没见过这个人。
他根本就不想帮我们（的忙）。
这事儿我根本（就）不知道。
我根本没想到事情会变成这样。

准备：

准备出发　　准备去旅行　　准备比赛　　做准备
我准备跟朋友一起去中国旅行。
准备好了吗？

包括：

我们班一共有16位同学，包括10位女同学，6位男同学。
"西方七国"包括日本。

除非：

除非有很特别的原因，他才不去上课。
你肯定可以去，除非你自己不想去。

(2) 词语认读

自从：

自从来美国以后，我就没喝过酒。

于是：

他听朋友说加拿大很好，移民很方便，于是就来了。
杰克觉得抓周很有意思，他想看看是怎么回事，于是就跟陈静一起去了。

感觉：

有感觉　　没感觉　　感觉到了/没感觉到
自我感觉很好
这只是我的感觉。
你感觉怎么样？
跟着感觉走。

的确/实在：

我的确不知道他住在哪儿。
这件事儿的确不是他干的。
我实在不想去。
实在对不起。

了解：

要真正了解一个人很难。

我不太了解那儿的情况。

我觉得很多人不了解中国。

2. 课文教学：

(1) 对话教学

听录音，理解内容。

提问：① 马克为什么要收拾行李？

② 马克准备带哪些东西？

③ 如果要去北京、上海这样的大城市，应该带哪些东西？

④ 如果要去经济不太发达的地方，应该带些什么？

⑤ 在中国买东西方便吗？

⑥ 什么东西一定要自己带？

领读。

学生分配角色读。

(2) 短文教学

听录音，理解内容。

提问：① 林娜为什么一定要回去看一看？

② "我"什么时候开始想去中国看看？

③ "我"感觉北京怎么样？

④ "我"喜欢西安什么，不喜欢西安什么？

⑤ "我"觉得上海怎么样？

领读。

学生朗读。

短文复述：我的中国之行。

3. 语法教学：

(1) 了 (liǎo)

V 得 / 不了：

雨太大，他们来不了了。

东西太多了，我一个人拿不了。

忘不了 / 走不了 / 吃不了 / 带不了 / 拿不了 / 坐不了

(2) 着 (zhāo)

V着　　V得/不着：

护照丢了可能还找得着，钱包丢了就找不着了。

我去的时候他已经走了，没见着他。

教学参考

1. 生词：

关于重点词语的补充说明：

收拾：引申用法：收拾局面（残局）。口语用法：表示威胁。如：看我怎么收拾你。

根本：用在主语后面。多用在否定句中，后面经常带"就"。

准备：重叠形式是"准备准备"，可以用于"把"字句，不能用在"被"字句中。如：你把钱准备好。

包括：只能用在后续句中。后面可以有"在内"：包括XX在内。

除非：表示条件关系，作用是指出唯一的条件。可用在前一个分句，也可以用在后一分句。一般用在主语的前面。例如：除非你去请他，他才会来。/老板是不会同意你的计划的，除非太阳从西边出来。

于是：只能用在后续句中。和"所以"的意思比较接近，但"于是"连接的两个小句在时间上有先后关系。"所以"可以有，也可以没有。例如：杰克想知道抓周是怎么回事，于是/所以就跟陈静一起去了。/因为他是在美国长大的，所以他英语很好。

的确/实在：都表示真实。重叠形式是"的的确确"、"实实在在"。用法也差不多。不过"的确"表示对客观事实的确认，"实在"更倾向加强语气。例如：

我的确说过这话。/我实在说过这话。

这事儿的确是他干的。/这事儿实在是他干的。

他的确不是小偷。/他实在不是小偷。

我的确不想去（事实）。/我实在不想去（语气）。

我今天实在是太累了，咱们改天再去吧。

实在不行的话，你还是请别人帮忙吧。

其他词语：

之类：用来表示列举，"XX之类"。指事物，如"笔、纸之类的学习用品"。

日用品："品"是一个名词后缀。类似的有"礼品/物品/军用品/学习用品"等。

一辈子：口语。书面说法是"一生"。这辈子/半辈子/大半辈子/下辈子。
　　　　A：要是有一千万，我就……
　　　　B：下辈子吧，你。

特殊：不能重叠。如：今天是个特殊的日子。/大家都喝酒，你也不能特殊。来，喝一杯吧。
"特别"做副词，可以用在形容词和心理动词的前面，"特殊"不行。如：今天好像特别热。/刚开始戒烟的那几天，特别想吸烟。

2. 语法：

(1) "了 liǎo"：动词，意义是"完"，虚化后做补语。口语"没完没了"。

① V 得/不了：表示估计，指动作行为能否实现的可能性。
到处都是警察，小偷肯定跑不了。
你觉得中国队赢得了赢不了？　肯定赢不了。

② A 得/不了：表示估计，指变化能否实现。
最近几天一直下雨，你洗的衣服一天肯定干不了。
我感觉他的病好不了了。
现在是冬天，食物不放在冰箱里也坏不了。
注意：口语中"A 不了"还可以表示对程度的估计。意思是"不会太 A"。
从北京到上海比到西安远不了多少。
这个包这么大，肯定轻不了。

(2) "着 zháo"：动词，意义是"接触"，虚化后跟在动词后面做补语，表示达到目的，取得结果。
V 着　V 得/不着 O
我去的时候他已经走了，没见着。
丢了就找不着了。
你管得着吗？
你管不着。
狐狸吃不着/到葡萄就说葡萄酸。
北方话：让你说着了/逮着一个。
"找不着北"：本来指的是"找不到方向"，现多指"犯糊涂"，原因可能是着急、生气、紧张甚至高兴或兴奋。

(3) 有的是：口语里还有"有的是 N"的说法，有夸张的意思。例如：我有的是钱。/ 中国有的是人。

(4) 多么多么 A：也可以说"多 A 多 A"。例如：你老是说自己做饭的水平多高多高，什么时候给我们露一手？

 听力练习书面材料

对话 A：
　　女：这个鬼地方，真让人真受不了。
　　男：怎么啦？
　　女：冬天太冷，夏天太热，春天风太大，只有秋天还可以。
问题：
　　1. 女的比较喜欢这个地方的哪个季节？
　　2. 女的觉得这个地方怎么样？

对话 B：
　　女：你不是去李老师家了吗？怎么这么早就回来了？
　　男：李老师不在家，没见着。
　　女：怎么样？我说先打个电话吧，你说用不着。
　　男：知道了，下次去一定先打个电话。
问题：
　　1. 男的刚才去哪儿了？
　　2. 男的为什么不先给李老师打个电话？

对话 C：
　　男：我带了很多东西，你看，毛巾、牙膏，该带的我都带了，包括卫生纸。
　　女：你带这么多日用品干什么？这些东西中国有的是。
　　男：那你说我应该带什么？
　　女：带一些在中国可能买不着的东西。
问题：
　　1. 男的准备去哪儿？
　　2. 女的认为男的应该带什么？

短文:
　　西安在中国的中部,是中国历史上最著名的城市之一。西安原来的名字不叫西安,叫长安。西安的城墙是现在能看到的最完整的城墙,陕西历史博物馆里的文物非常多。当然,西安最有名的是秦始皇的兵马俑。
　　西安的人没有北京和上海那么多,经济也没有北京和上海那么发达,但在西安旅游也许比在北京和上海更有意思,除非你对中国的历史不感兴趣。

问题:
1. 西安在中国的什么地方?
2. 西安原来的名字叫什么?
3. 短文里提到了西安几个应该看的地方?
4. 谁觉得在西安旅游比在北京和上海旅游更有意思?

《练习册》练习答案

一、词语和结构
　　3. 选词填空:
　　　　实在　　的确
　　　　(1) 实在/的确　　(2) 实在　　(3) 的确　　(4) 的确
　　　　特殊　　特别
　　　　(1) 特殊/特别　　(2) 特别　　(3) 特殊/特别　　(4) 特别

　　4. 给括号里的词选择一个合适的位置:
　　　　(1) B　　(2) B　　(3) D　　(4) C　　(5) B

　　5. 把所给的词组成句子:
　　　　(1) 雅克准备下个星期去中国旅行。/ 下个星期雅克准备去中国旅行。/ 雅克下个星期准备去中国旅行。
　　　　(2) 我得回去收拾行李了。
　　　　(3) 这种词典现在买不着了。
　　　　(4) 你吃得了这么多吗?

（5）这件事跟我的确没关系 / 这件事的确跟我没关系。

6. 用所给的词语改说句子：
   （1）在西安买东西没有在北京方便。
   （2）中国的环境没有加拿大好。
   （3）不下雨我就去。
   （4）你不打算用就别带 / 不打算用你就别带。
   （5）我有的是时间 / 时间我有的是。
   （6）我在北京有的是朋友。

7. 用下面所给的词填空：
   （1）收拾　　（2）了　　　（3）有的　　　（4）着
   （5）了解　　（6）发达　　（7）准备

8. 把下面的句子翻译成中文：
   （1）要真正了解一个人是很难的。
   （2）自从中学毕业以后，我们就没再见过面。
   （3）很多人，包括我自己，都不太了解中国。
   （4）除非有特殊的原因，他才会拒绝帮助你。
   （5）不好意思，我实在吃不了了。

二、听力理解
   对话A：
   1. B　　2. A
   对话B：
   1. C　　2. B
   对话C：
   1. A　　2. C
   短文：
   1. C　　2. B　　3. B　　4. C

四、阅读理解
   1. F　　2. F　　3. V　　4. V　　5. F

Dì-liù kè　Tāmen hěn yǒu nàixīn
第六课　他们 很 有 耐心
Leçon six　Ils sont très patients

教学目标

1. 掌握本课词语。
2. 学习语法：
   a. 动词重叠
   b. 概数和分数

教学重点

1. 词语重点：
   耐心　方面　虽然　相信　其中　碰　几乎　轻松
2. 语法重点：
   a. 动词重叠
   b. 概数表示法

教学步骤

1. 词语教学：
   词语认读
   耐心：
      我们的老师很有耐心。
      我学什么都没有耐心，所以什么也学不会。
      老师总是耐心地回答我们的问题。

方面：
: 　　学习方面　　生活方面　　经济方面　　中国方面　　加拿大方面
: 　　在学习方面有什么问题，你可以问老师。
: 　　陈静觉得她男朋友各方面都不错。

虽然：
: 　　虽然他有点不愿意，但是也只好同意了。
: 　　虽然我没去过中国，但是我在中国有好几个朋友。

相信：
: 　　请相信我，我一定想办法帮助你。
: 　　我不相信陈静的男朋友真的会把红叶当生日礼物。

其中：
: 　　我这个月赚了500块钱，不过其中400块已经花了。
: 　　我们班一共有5个日本同学，其中3个是女孩子。

碰：
: 　　我昨天在街上碰见了小张。
: 　　倒霉的事儿全让我碰上了。

几乎：
: 　　商店里几乎全是人。（人很多）
: 　　商店里几乎没有人。（人很少）

轻松：
: 　　我现在的工作很轻松。
: 　　考完试了，我觉得很轻松。
: 　　今天的工作不多，轻轻松松就完成了。
: 　　下班了，咱们也该轻松轻松了，走，喝酒去。

2. 课文教学：
　　听录音，理解内容。
　　提问：① 林娜为什么特别想和平平聊聊？
　　　　　② 林娜为什么很久没有写信了？
　　　　　③ 加拿大给林娜最明显的感觉是什么？
　　　　　④ 林娜为什么为那些老板们担心？
　　　　　⑤ 林娜觉得加拿大人怎么样？
　　　　　⑥ 公共汽车司机为什么让林娜吃惊？
　　　　　⑦ 林娜的学习和生活怎么样？
　　　　　⑧ 林娜以后还会给平平写信吗？

领读，解释难点。

学生朗读。

短文复述：（1）加拿大的环境。

（2）林娜的学习和生活。

3. 语法教学：

(1) 动词重叠

　　a. 用于已经发生的动作。

　　　我刚才去图书馆看了看。

　　　陈静对我笑了笑，没说话就走了。

　　b. 用于经常性的动作。

　　　白天我在学校学习，晚上看看电视，翻翻报纸，听听音乐。

　　c. 用于还未发生的动作。

　　　请你等（一）等，让我想（一）想。

(2) 概数

　　我想问你几个问题。

　　你来加拿大七八年了吧?

　　张老师今年大约四十六七岁。

　　我们大学每个班都只有十来个学生。

　　我回到家的时候，大概是八点半左右。

(3) 分数

　　读法：几分之几

　　1/3　3/10　51/100　1/1000　5/10000

教学参考

1. 词语：

关于重点词语的补充说明：

耐心：有耐心/没有耐心。"有＋抽象名词"表示评价。整个结构有形容词的特点。例如：很有意思/很有感情/很有讲究/很有意见/很有眼光/很有钱（很有美元）。

方面："抽象名词＋方面"：生活/学习/爱情/经济/文化/历史方面。"单位/学校/国家等＋方面"：中国方面/学校方面/公司方面。重叠形式是"方方面面＝各个方面（的人）"。

虽然：用在转折关系复句的前一分句，后面常有"但是/可是"等呼应，构成"虽然X，但是/可是/不过/然而Y"格式。可以在分句主语的前面，也可以在主语的后面。例如：虽然他有点不愿意，但是也只好同意了。/我虽然没去过中国，但是有好几个中国朋友。

相信：后面可接名词/代词或小句。一般不用"没"否定。如：我不相信他会骗我。

碰：本来的意思是两个物体相撞，引申为偶然遇到什么人或事儿。相关词语：碰运气/碰头（见面）/碰头会（时间较短的简单会议）。

几乎：兼有"差不多"和"差点儿"的意思。比较：

几乎全是树/树很多

几乎没有树/树很少

几乎忘记了/没有忘记

几乎没找到/找到了

几乎睡着了/没睡着/快睡着了

轻松：反义词是"紧张"。重叠形式：轻轻松松/轻松轻松。

别紧张，轻松点。

今天的工作不多，轻轻松松就完成了。

其他词语：

费：电话费/水费/电费/学费/交通费/小费。

总共：和"一共"的意思、用法相同。

吃惊：吃了一惊/大吃一惊。

大约：多用来表示对数量的估计。和表示估计的"大概"意思、用法差不多。

但是："大概"可以表示"可能/也许"的意思。"大概"还可以做名词。例如：老师的话我只听懂了个大概。

人山人海：成语，意思是有很多人。汉语"山、海"常常对举。如：文山会海、刀山火海。

2. 语法：

(1) 动词重叠

① 可重叠的动词必须是可以控制的或者可以重复的。

② 尽管动词重叠可以表示已经发生的动作，但限于V了V，不能说"V过V"。

③ 动词重叠是口语用法，书面语很少使用。

④ 动词重叠很少有否定形式。除了疑问句和反问句：你们怎么不等等我就走了？（你们应该等等我。）

(2) 概数

① 不连续的数字表示概数，只有"三、五"：三五个／三五天／三五年。

② 来：往少里说。如：十来岁／二十来块钱。

③ 几："几"一定轻读，否则就变成了问题。如：十几岁／二十几个人。

④ 多：往多里说。如：十多岁／二十多岁。一般认为，"十来个"可能是9—12、13个，但年轻人倾向是超过10个，即11—13个；"十多个"是14—19个，但13个甚至12、11个也可以说"十多个"。因为"多"表示"往多里说"；"十几个"是13—17个，用"几"往往表示不清楚或不愿意告诉对方真实的数字。"几"虽然可以表示"往少里说"，但"好几"则表示"往多里说"的意思。

(3) 分数

注意分数的读法。汉语要先说分母，后说分子，中间加上表示领属关系的"之"。

3. 背景知识：

中国人写信一般先问好，然后是正文，最后要写一句祝福的话。祝福的话要另起一行，顶格。

信封的写法：收信人地址和寄信人地址都要写在信封的正面。收信人的地址写在上面，姓名写在中间，寄信人的地址和姓名写在右下角。注意地址的写法：从大到小。

听力练习书面材料

对话A：

女：喂，小高吗？

男：是我。您哪位？

女：连我都听不出来了？我是林娜。

男：原来是你呀。你现在在哪儿啊？

女：在维多利亚呢。

男：你去加拿大快两个月了吧，感觉怎么样？

女：怎么说呢？电话里边说不清楚，我给你简单介绍一下吧，空气比咱新鲜得多，马路比咱干净得多，树多，鸟多，车多，就是人比咱少得多。

问题：
1. 刚才你听到的是两个人打电话，这个电话是谁打的？
2. 谁在维多利亚？
3. 林娜来加拿大多长时间了？
4. 加拿大和中国的区别，电话里没有介绍的是什么？

对话B：
男：怎么样？习惯加拿大的生活了吗？
女：已经习惯了。我每天早上出去散散步，晚上看看电视，翻翻报纸，有时去逛逛商店。
男：那儿有中国饭店吗？
女：有，中国城里多着呢。不过菜的味道都变了，不是地道的中国菜了。
男：那你将来开一家饭店，让加拿大人知道知道什么是地道的中国菜。
女：我可不打算开。你不知道，这里的饭店没几个人吃饭，哪像在咱们那儿呀。我真为那些老板担心，顾客那么少，他们赚钱吗？
男：你放心，要是不赚钱，他们早关门了。

问题：
1. 下面哪一个说法是不正确的？
2. 女的觉得中国城里的中国菜怎么样？
3. 女的为什么不打算开中国饭店？

对话C：
女：哎呀，不跟你聊了，我的电话卡里的钱不多了，等以后我给你写信吧。
男：现在谁还写信呀？你不能发电子邮件吗？
女：这里的电脑没有中文软件。
男：怎么，担心我看不懂啊。告诉你吧，我也打算去加拿大，正在努力学英语呢。

问题：
1. 女的为什么不和男的聊了？
2. 男的觉得写信怎么样？
3. 女的为什么不给男的发电子邮件？

《练习册》练习答案

一、词语和结构

3. 用适当的量词填空：

一<u>支</u>牙刷　　一<u>部</u>电影　　一<u>颗</u>心　　一<u>支</u>牙膏　　一<u>盒/颗</u>巧克力

一<u>个/种</u>爱好　一<u>张</u>桌子　一<u>支</u>口红　一<u>种/个</u>习惯

4. 选词填空：

几乎　　差点儿

(1) 几乎　　(2) 几乎　　(3) 几乎　　(4) 几乎/差点儿

几乎　　差不多

(1) 几乎　　(2) 差不多　(3) 几乎　　(4) 几乎/差不多

5. 给括号里的词选择一个合适的位置：

(1) B　　(2) B　　(3) A　　(4) D　　(5) C

6. 把所给的词组成句子：

(1) 我前天去这里最大的超市看了看。

(2) 最让我吃惊的是这儿的环境。

(3) 你知道全中国有多少人口吗？

(4) 你不用为她担心。

(5) 我每天要看两个小时左右电视。

7. 改说句子：

(1) 我每天晚上都要看看电视，学学英语。

(2) 睡觉以前我总是要看看书，听听音乐。

(3) 张老师看上去有三十五岁左右。

(4) 我们班的同学都是二十岁左右。

(5) 我的电话卡还可以打二十来分钟电话。

(6) 那个孩子只有十来岁。

8. 用下面所给的词填空：

(1) 方面　　(2) 明显　　(3) 大约　　(4) 其中

(5) 顾客　　(6) 赚　　　(7) 耐心

9. 把下面的句子翻译成中文：

(1) 你需要运动。有时间的话，一起去打打球，游游泳吧。

(2) 我正想和你聊聊这方面的问题呢。

(3) 从这儿到火车站不远，坐公共汽车车十来分钟就到了。

(4) 上海市区有1300多万人，其中大约十分之一的人不会说上海话。

(5) 在中国，百分之九十左右的中学生都把英语当做自己必学的外语。

二、听力理解

对话A：

1. B　　2. B　　3. C　　4. C

对话B：

1. C　　2. A　　3. B

对话C：

1. B　　2. B　　3. C

四、阅读理解

1. F　　2. V　　3. F　　4. F　　5. F

读写试卷（一）
（第一课～第六课）

一、量词填空：（10%）

一_____心　　一_____巧克力　　一_____桌子

一_____口红　　一_____课文　　一_____习惯

一_____爱好　　一_____行李　　一_____牙刷

一_____毛巾

二、把反义词连接起来：（5%）

(1) 偶尔　　　　a. 瘦

(2) 脏　　　　　b. 特殊

(3) 胖　　　　　c. 经常

(4) 普通　　　　d. 轻

(5) 重　　　　　e. 干净

三、把同义词连接起来：（5%）

(1) 以后　　　　a. 老是

(2) 大概　　　　b. 总共

(3) 总是　　　　c. 将来

(4) 一共　　　　d. 常常

(5) 经常　　　　e. 大约

四、给下面句子后面括号里的词选择合适的位置：（10%）

(1) 陈静的男朋友 A 竟然 B 红叶当做 C 生日礼物 D 送给陈静。（把）

(2) 要是你 A 不说，B 我 C 把这事儿 D 给忘了。（几乎）

(3) 有些东西 A 你 B 就 C 用不着，D 带它干什么？（根本）

(4) 很多人A觉得爱情B有时候C可以D用钱表达的。（是）

(5) 江山A足球B踢C得没有我好D。（的）

(6) A白小红的英语说得很好，B我基本上C都D能听懂。（其实）

(7) 她长得A很漂亮，B也C很聪明，所以很多男孩子D都喜欢她。（而且）

(8) A这件事B跟江山有关，C不相信你D可以去问他。（的确）

(9) 谁A也没想到孩子B最后C抓起来的D是一支口红。（竟然）

(10) A你也B喜欢C看足球D比赛吗？（难道）

五、选词填空：（30%）

(1) 今天我_____打算去爬山，没想到下雨了。
　　A. 看来　　　　B. 本来　　　　C. 从来

(2) 他们说得太快了，我_____上没听懂。
　　A. 根本　　　　B. 基本　　　　C. 几乎

(3) 如果没有特别的原因，谁_____拒绝朋友呢。
　　A. 愿意　　　　B. 想念　　　　C. 觉得

(4) 我有一种_____，他肯定不是一个普通人。
　　A. 感动　　　　B. 感觉　　　　C. 觉得

(5) 我刚回家，马力打电话请我一起去打篮球，_____我就去了。
　　A. 于是　　　　B. 要是　　　　C. 以后

(6) 我们两个人吃不_____这么多菜。
　　A. 着　　　　　B. 了　　　　　C. 过

(7) 我_____没去过中国，可是我了解中国的历史。
　　A. 虽然　　　　B. 竟然　　　　C. 当然

(8) 听说江山去旅行了，_____这几天没看见他。
　　A. 难道　　　　B. 难怪　　　　C. 奇怪

(9) ＿＿＿＿完成老师的作业，我去图书馆借了很多跟中国有关的书。
  A. 为　　　　　　B. 为了　　　　　　C. 因为

(10) ＿＿＿＿认识了林娜，他对中国更感兴趣了。
  A. 从　　　　　　B. 自从　　　　　　C. 从来

(11) 张老师是＿＿＿＿。
  A. 毕业复旦大学的
  B. 复旦大学毕业的
  C. 复旦大学的毕业

(12) 我不是想跟你＿＿＿＿，我是想帮助你。
  A. 过不去　　　　B. 过得去　　　　　C. 不过去

(13) 我想请江山＿＿＿＿。
  A. 帮一个忙我　　B. 帮我一个忙　　　C. 帮忙我一个

(14) 刚才我去附近的超市＿＿＿＿。
  A. 看看了　　　　B. 看了看　　　　　C. 看一看

(15) 回到家里，＿＿＿＿。
  A. 我越想越生气　B. 越生气我越想　C. 我越生气越想

六、用所给的词组成句子：(15%)

(1) 他　把　我　当做　不　朋友　从来

 ＿＿＿＿＿＿＿＿＿＿＿＿＿＿＿＿＿＿＿＿＿＿

(2) 你　不　喜欢　不是　看　篮球　比赛　吗

 ＿＿＿＿＿＿＿＿＿＿＿＿＿＿＿＿＿＿＿＿＿＿

(3) 江山　他的护照　不　找　着　了

 ＿＿＿＿＿＿＿＿＿＿＿＿＿＿＿＿＿＿＿＿＿＿

(4) 明天　想　我　去　这里　的　看　大商场　看

 ＿＿＿＿＿＿＿＿＿＿＿＿＿＿＿＿＿＿＿＿＿＿

(5) 你　打　给　电话　我　什么时候　可以　都

 ＿＿＿＿＿＿＿＿＿＿＿＿＿＿＿＿＿＿＿＿＿＿

七、法汉翻译：(15%)

(1) J'ai perdu sans faire attention le stylo que Chen Jing m'avait prêté.

(2) Est-ce possible que vous ne sachiez même pas qui est le Président américain?

(3) J'ai l'habitude de me promener après le dçner.

(4) Il fait beaucoup de vent tous ces jours-ci, j'ai vraiment du mal à le supporter.

(5) Servez-vous sans façon, mangez tous ce que vous aimez.

八、阅读理解：（10%）

最近几年，中国的独生子女家庭越来越多，人口出生率每年都在下降。另一方面，中国的老人越来越多，人口老龄化问题也越来越明显。

北京市西城区原来最多的时候一共有90多个幼儿园，现在还有80个，其中25个是街道办的。北京市的幼儿一年比一年少，所以大约百分之三十左右的幼儿园都有一个问题："学生"越来越少。可是敬老院就不一样了，全西城区只有9所敬老院，可是老人呢，一年比一年多，现在，每所敬老院都是人满为患。

也许我们应该替这个城市的老年人想一想。如果把老人接到幼儿园住，让老人和孩子们在一起，老人高兴，孩子们也有人照顾。这样既可以解决街道幼儿园"吃不饱"、敬老院"吃不了"的问题，又可以进行全方位的社区服务。这难道不是一个好办法吗？

根据短文内容，判断下面的说法是否正确：
(1) 最近几年，中国有孩子的家庭比原来多了。　　　　　　　　（　）
(2) 北京市东城区最多的时候有90多个幼儿园。　　　　　　　　（　）
(3) 北京市西城区现在有55个幼儿园。　　　　　　　　　　　　（　）
(4) 西城区大约二十四五个幼儿园有孩子越来越少的问题。　　　（　）
(5) 北京市西城区只有9所敬老院。　　　　　　　　　　　　　（　）
(6) 现在，敬老院里的老人越来越多。　　　　　　　　　　　　（　）
(7) 街道幼儿园里吃的东西太少，孩子们经常吃不饱。　　　　　（　）
(8) 敬老院里吃的东西太多，老人们经常吃不了。　　　　　　　（　）
(9) 把老人接到幼儿园，老人们高兴，孩子们也有人照顾。　　　（　）
(10) 把老人接到幼儿园来住是一个好办法。　　　　　　　　　　（　）

答　案

一、量词填空：(10%)
一颗心　　　　　　一块/盒巧克力　　　一张桌子
一支口红　　　　　一篇课文　　　　　　一个/种习惯
一个/种爱好　　　一件行李　　　　　　一支/牙刷　　　一条毛巾

二、把反义词连接起来：(5%)
(1) – c　　(2) – e　　(3) – a　　(4) – b　　(5) – d

三、把同义词连接起来：(5%)
(1) – c　　(2) – e　　(3) – a　　(4) – b　　(5) – d

四、给下面句子后面括号里的词选择合适的位置：(10%)
(1) B　　(2) C　　(3) B　　(4) C　　(5) A
(6) A　　(7) B　　(8) B　　(9) D　　(10) A

五、选词填空：(30%)
(1) B　　(2) B　　(3) A　　(4) B　　(5) A
(6) B　　(7) A　　(8) B　　(9) B　　(10) B
(11) B　　(12) A　　(13) B　　(14) B　　(15) A

六、用所给的词组成句子：(15%)
(1) 他（我）从来不把我（他）当做朋友。
(2) 你不是不喜欢看篮球比赛吗？
(3) 江山找不着他的护照了。
(4) 明天我想去这里的大商场看看。
(5) 你什么时候给我打电话都可以。

七、法汉翻译：(15%)
(1) 不小心把陈静借给我的笔弄丢了。
(2) 难道你连美国总统是谁也不知道吗？
(3) 我有一个习惯，每天晚上吃完饭以后都要出去散散步。
(4) 这几天老是刮风，我真有点受不了。
(5) 别客气，你想吃什么就吃什么。

八、阅读理解：(10%)
(1) F　　(2) F　　(3) F　　(4) V　　(5) V
(6) V　　(7) F　　(8) F　　(9) F　　(10) V

听说试卷（一）

（第一课～第六课）

一、您将听到10个句子，请根据听到的内容选择正确的答案。(20%)

1. A. 10个　　　　　　B. 8个　　　　　　C. 18个

2. A. 一边说话，一边笑。
   B. 说小话。
   C. 说笑话。

3. A. 让听话人不要客气。
   B. 问听话人想干什么。
   C. 很喜欢这儿。

4. A. 高一飞的妈妈不想去加拿大。
   B. 高一飞的妈妈不了解加拿大。
   C. 高一飞的妈妈不喜欢加拿大。

5. A. 说话人经常去吃中国菜。
   B. 说话人不经常去吃中国菜。
   C. 说话人准备去吃中国菜。

6. A. 我没有办法不让他去。
   B. 我在想办法不让他去。
   C. 他去不去跟我没有关系。

7. A. 虽然是好朋友，可是我不知道江山喜欢什么。
   B. 我当然知道江山喜欢什么。
   C. 我觉得我应该知道江山喜欢什么。

8. A. 这个地方的气候很特殊。
   B. 他已经习惯了这个地方的气候。
   C. 这个地方的气候让他觉得不舒服。

9. A. 他只听懂了一点儿。
   B. 他只有一句没听懂。
   C. 他全都听懂了。

10. A. 41岁　　　　　　B. 45岁　　　　　　C. 49岁

听说试卷(一)

二、您将听到3段对话，请根据听到的内容选择正确的答案。(14%)

对话A：

1. A. 她是一个真的足球迷。
   B. 她不是一个真的球迷。
   C. 她觉得男的不聪明。
2. A. 英格兰。　　　　　B. 美国。　　　　　C. 加拿大。
3. A. 足球是在英格兰发明的。
   B. 英格兰人的足球踢得最好。
   C. 她喜欢贝克汉姆（BECKHAM）。

对话B：

4. A. 她不喜欢拿钱。
   B. 她觉得钱太少了。
   C. 她很客气。
5. A. 15块。　　　　　B. 50块。　　　　　C. 54块。

对话C：

6. A. 非常方便。
   B. 不太方便。
   C. 有的地方很方便，有的地方不方便。
7. A. 这个月。
   B. 下个月。
   C. 还没决定。

三、您将听到2段短文，请根据听到的内容选择正确的答案。(16%)

短文A：

1. A. 湖南人　　　　B. 上海人　　　　C. 山西人
2. A. 江西人　　　　B. 山西人　　　　C. 上海人
3. A. 江西人　　　　B. 山西人　　　　C. 湖南人
4. A. 3种　　　　　B. 4种　　　　　C. 5种

短文B：

1. A. 3次　　　　　B. 4次　　　　　C. 5次

81

2. A. 车票便宜。
   B. 加拿大人很有耐心。
   C. 坐公共汽车的人不多。
3. A. 林娜经常去吃中国菜。
   B. 林娜觉得加拿大的中国菜不好吃。
   C. 林娜每天自己做饭。
4. A. 林娜很长时间没写过信了。
   B. 除了星期四，林娜每天都要打工。
   C. 林娜从来不去逛超市。

四、用指定的词语回答问题。(10%)
   1. 你以前听说过抓周吗？（从来）
   2. 你找白小红干什么？（帮忙）
   3. 咱们多要几个菜吧？（吃不了）
   4. 今天去看比赛的人多吗？（左右）
   5. 你喜欢看篮球比赛吗？（不管）

五、用所给的词语说一个句子。(10%)
   1. 难道
   2. 几乎
   3. 难怪
   4. 本来
   5. 连……都/也……

六、成段表达。(30%，选择其中一个)
   1. 请介绍一下你去过的一个国家或城市，谈谈你在那儿的生活和你的感觉。
   2. 请谈谈你对爱情和（金）钱之间关系的看法。

听说试卷（一）
（第一课～第六课）
（教师用卷）

一、您将听到 10 个句子，请根据听到的内容选择正确的答案。（20%）

1. 我们班有 10 个女同学，8 个男同学。
   问：我们班一共有多少个学生？　　　　　　　　　　　　　（ C ）
   A. 10 个。　　　　　　B. 8 个。　　　　　　C. 18 个。

2. 张老师在给同学们说笑话呢。
   问：张老师在干什么？　　　　　　　　　　　　　　　　　（ C ）
   A. 一边说话，一边笑。
   B. 说小话。
   C. 说笑话。

3. 在我这儿就像在自己的家一样，你想干什么就干什么。
   问：说话人是什么意思？　　　　　　　　　　　　　　　　（ A ）
   A. 让听话人不要客气。
   B. 问听话人想干什么。
   C. 很喜欢这儿。

4. 高一飞的妈妈连加拿大在哪儿都不知道。
   问：这句话是什么意思？　　　　　　　　　　　　　　　　（ B ）
   A. 高一飞的妈妈不想去加拿大。
   B. 高一飞的妈妈不了解加拿大。
   C. 高一飞的妈妈不喜欢加拿大。

5. 我偶尔也去中国城吃中国菜。
   问：这句话是什么意思？　　　　　　　　　　　　　　　　（ B ）
   A. 说话人经常去吃中国菜。
   B. 说话人不经常去吃中国菜。
   C. 说话人准备去吃中国菜。

6. 他一定要去，我有什么办法？
   问：这句话是什么意思？　　　　　　　　　　　　　　　　（ A ）
   A. 我没有办法不让他去。
   B. 我在想办法不让他去。
   C. 他去不去跟我没有关系。

7. 江山是我最好的朋友，他喜欢什么我能不知道吗？

　　问：说话人是什么意思？　　　　　　　　　　　　　　（ B ）

　　　A. 虽然是好朋友，可是我不知道江山喜欢什么。

　　　B. 我当然知道江山喜欢什么。

　　　C. 我觉得我应该知道江山喜欢什么。

8. 这个地方的气候真让人受不了。

　　问：说话人是什么意思？　　　　　　　　　　　　　　（ C ）

　　　A. 这个地方的气候很特殊。

　　　B. 他已经习惯了这个地方的气候。

　　　C. 这个地方的气候让他觉得不舒服。

9. 王先生说的话我几乎一句也没听懂。

　　问：说话人是什么意思？　　　　　　　　　　　　　　（ A ）

　　　A. 他只听懂了一点儿。

　　　B. 他只有一句没听懂。

　　　C. 他全都听懂了。

10. 张老师看上去大概有40来岁。

　　问：张老师的年纪可能是下面的哪一个？　　　　　　　（ A ）

　　　A. 41岁。　　　　　B. 45岁。　　　　　C. 49岁。

二、您将听到3段对话，请根据听到的内容选择正确的答案。（14%）

　　对话A：

　　　女：我只看英格兰队的足球比赛。

　　　男：为什么？

　　　女：因为足球是在英格兰发明的。

　　　男：这都哪儿跟哪儿呀。足球是在英格兰发明的，可是英格兰的足球水平不是最高的。为什么只看英格兰的比赛？

　　　女：跟你说了你也不懂。

　　　男：你是喜欢贝克汉姆（BECKHAM）吧？

　　　女：是又怎么啦？

1. 关于女的，下面哪个说法是正确的？　　　　　　　　　（ B ）

　　A. 她是一个真的足球迷。

　　B. 她不是一个真的球迷。

　　C. 她觉得男的不聪明。

2. 足球是在哪儿发明的？　　　　　　　　　　　　　　　　　（ A ）

　　A. 英格兰。　　　　　B. 美国。　　　　　C. 加拿大。

3. 女的为什么只喜欢看英格兰队的比赛？

　　A. 足球是在英格兰发明的。

　　B. 英格兰人的足球踢得最好。

　　C. 她喜欢贝克汉姆（BECKHAM）。　　　　　　　　　　　（ C ）

对话 B：

　　男：谢谢你给我买了这么好看的玩具。给，这是50块钱。

　　女：这钱我不能要。

　　男：为什么？

　　女：我把你当朋友，你老是跟我客气。

　　男：不是客气，是应该的。

4. 男的给女的钱，女的为什么不要？　　　　　　　　　　　（ C ）

　　A. 她不喜欢拿钱。

　　B. 她觉得钱太少了。

　　C. 她很客气。

5. 这个玩具大概多少钱？　　　　　　　　　　　　　　　　（ B ）

　　A. 15块。　　　　　B. 50块。　　　　　C. 54块。

对话 C：

　　男：下个月我打算去中国。在中国上网方便吗？

　　女：这要看你去哪儿了。

　　男：我要去上海。

　　女：太方便了，比你在这里还方便。

6. 在中国，上网方便吗？　　　　　　　　　　　　　　　　（ C ）

　　A. 非常方便。

　　B. 不太方便。

　　C. 有的地方很方便，有的地方不方便。

7. 男的打算什么时候去上海？　　　　　　　　　　　　　　（ B ）

　　A. 这个月。

　　B. 下个月。

　　C. 还没决定。

三、您将听到2段短文，请根据听到的内容选择正确的答案。（16%）

短文A：

俗话说，萝卜青菜，各有所爱。这本来说的是有关吃的爱好。有的人喜欢吃甜的，有的人喜欢吃辣的，也有的人喜欢吃酸的，还有人喜欢吃臭的。上海、江苏、浙江这些地方的人喜欢吃甜的，不管什么菜，里面都要放糖；四川、江西、湖南这些地方的人喜欢吃辣的。不管做什么菜，里面都要放辣椒。有个笑话说四川人不怕辣，湖南人辣不怕，江西人怕不辣。你说谁最喜欢吃辣的？

最喜欢吃酸的人是山西人，不管做什么菜都要放醋。不过最爱吃醋的不一定是山西人。为什么？问你的汉语老师吧。

1. 做菜喜欢放糖的是： （B）
   A. 湖南人。 B. 上海人。 C. 山西人。
2. 做菜喜欢放辣椒的是： （A）
   A. 江西人。 B. 山西人。 C. 上海人。
3. 最爱吃醋的是哪里人？ （B）
   A. 江西人。 B. 山西人。 C. 湖南人。
4. 短文里一共提到了几种味道？ （B）
   A. 3种。 B. 4种。 C. 5种。

短文B：

林娜到加拿大差不多一个月了，除了星期四，林娜几乎每天都有课。她住的地方离学校不太远，早上去，晚上回来，坐公共汽车大概20分钟左右就够了。林娜很喜欢在加拿大坐公共汽车，她觉得加拿大的人特别是公共汽车司机很有耐心，坐车的人也不多。星期六和星期天，林娜一般在家看看书，听听音乐，有时候也去逛逛超市。她每天自己做饭，偶尔也去中国城吃一顿中国菜。不过她觉得那已经不是地道的中国菜了。她想把自己对加拿大的印象告诉在中国的朋友，于是就写了一封信给钱平平。要知道，她很久没有写过信了。

1. 林娜每个星期要去几次学校？ （B）
   A. 3次。 B. 4次。 C. 5次。
2. 下面哪一个不是林娜喜欢坐公共汽车的原因？ （A）
   A. 车票便宜。

B. 加拿大人很有耐心。

C. 坐公共汽车的人不多。

3. 下面哪个说法是正确的? （ C ）

    A. 林娜经常去吃中国菜。

    B. 林娜觉得加拿大的中国菜不好吃。

    C. 林娜每天自己做饭。

4. 下面哪个说法是正确的? （ A ）

    A. 林娜很长时间没写过信了。

    B. 除了星期四,林娜每天都要打工。

    C. 林娜从来不去逛超市。

Dì-qī kè　Jiào shénme hǎo？
第 七 课　叫　什么　好 ？
Leçon sept　Quel est le bon prénom?

教 学 目 标

1. 掌握本课词语。
2. 学习语法：
   趋向补语的引申用法

教 学 重 点

1. 词语重点：
   决定　　坚持　　讲究　　玩笑　　吓
   一般　　希望　　除了　　认为　　怪
2. 语法重点：
   "上"、"下去"、"起来"、"出来"做趋向补语时的引申用法

教 学 步 骤

1. 词语教学：
   （1）词语认读
      决定
         我还没有决定什么时候去。
         我已经决定了。
         这是总统的决定，谁也不能改变。

坚持：
  她坚持每天学一个小时汉语，已经坚持两年了。
  她坚持要走，我们也没有办法。
  对不起，我实在坚持不下去了。

讲究：
  他吃的、穿的都很讲究。
  我对吃没有什么特别的讲究。

玩笑：
  这只是一个玩笑。
  她不喜欢别人跟她开玩笑。
  谁会拿这种事开玩笑。

吓：
  你可别吓我。
  看你，把孩子吓哭了。
  你看，孩子被你吓哭了。

(2) 词语认读

一般：
  我一般都在家里吃饭。
  在中国，坐公共汽车一般不排队。

希望：
  父母都希望自己的孩子将来有出息。
  移民的事儿还有一点希望。
  只要还有希望，我就会坚持下去。

除了：
  除了星期天（以外），我每天都有课。
  除了篮球以外，他什么球都不喜欢。
  除了篮球以外，他还喜欢棒球。

认为：
  他认为爱情可以用钱来表达。
  我认为你这样做是不对的。

怪：
  这事儿不能怪别人，只能怪我自己。
  他怪我没早点儿把这事儿告诉他。

2. 课文教学：

(1) 对话教学

听录音，理解内容。

提问：① 白小红为什么说"太阳从西边出来了"？

② 马克九月份准备干什么？

③ 马克要白小红给她取一个什么样的名字？

④ 中国人的名字有讲究吗？

⑤ 马克为什么不能叫马克思？

领读，解释难点。

学生分配角色读。

(2) 短文教学

听录音，理解内容。

提问：① 中国人的名字一般是谁给取的？

② 中国取名字有什么讲究？

③ 中国人同名同姓的人为什么很多？

④ 如果有同名同姓的人在一起，应该怎么叫他们？

⑤ 有些学生为什么认为老师没水平？

⑥ 老师真的没水平吗？

领读，解释难点。

学生朗读。

短文复述：中国人的名字。

3. 语法教学：

(1) 趋向补语的引申用法

"V 上"：

要是能在这儿住上半年，多好。

在这儿生活时间长了，你就会喜欢上这儿的。

"V 下去"：

你真打算在这儿住下去啊？

比赛的最后几分钟，我实在有点坚持不下去了。

"V 起来"：

听了她的话，大家都笑了起来。

你快点儿把这些东西都收拾起来。

我想起来了，我是4月8号回来的。

说起来这事儿也有点怪我。

"V出来"：

你能听出来这是谁的声音吗？

真看不出来，你还会做中国菜。

(2) 非……不可

我今天非去不可。

妈妈要是知道了这事儿，非骂我不可。

教学参考

1. 词语：

关于重点词语的补充说明：

决定：一般不能带"着/过"。很少用"不"修饰。不能重叠。

玩笑：开国际玩笑（很大的玩笑），玩笑开过了头/火。

一般：本课里表示"通常"，意思是大部分时间/情况下怎么样。"一般"还有"普通"的意思，所以可以表示"不怎么样/还可以"。例如：你觉得小王的英语怎么样？——一般（吧）。

除了：(1) 表示排除，不包括在内。"除了……以外/之外，都/没……"。

除了马克以外，我们几个都去过中国。

除了喝酒，他什么爱好都没有/没有别的爱好。

(2) 表示包括。"除了……，还/也……"。

除了篮球以外，他还喜欢棒球。

除了北京和上海，我还去过杭州。

认为：注意否定格式。

我认为这样做是不对的。（中国人本来的表达习惯）

我不认为这样做是对的。（说的比较少，欧化句法、外交辞令）

"认为"和"觉得"：表示自己看法的时候，"认为"比较直接；"觉得"比较委婉。另外，"觉得"可以表示身体的感觉，"认为"没有这种意思。例如：我觉得/认为这样做不太好。/我觉得有点热。

怪：动词。批评、埋怨。后接代词、名词或小句。不能带"着/了"，可以带"过"；一般不能用在"把"字句、"被"字句中。"怪"另有"奇怪"的意思，是形容词。

其他词语：

月份：表示时间点，可以说"四五月份"，不能说"一个/两个月份"。

主意：谁的主意，我的主意，出主意，好主意，馊主意，鬼主意，坏主意。

提：本来是指手的动作，引申为"说"。例如：你带了两个包啊，我帮你提一个吧。/你不要跟她提移民的事儿。/提起这事儿我就生气。

去世：离开世界。"死"的正式、礼貌的说法，不能用来说坏人。"死"的说法还有：逝世/见马克思了/见上帝了/上八宝山了/走了/断气了/见阎王了/上西天了。

上帝：传统的说法是"老天爷"。

出息：指前途、志气。夸奖的说法："有出息"；批评的说法："没出息"。

首先：和"先"的区别："首先"可以用来表示列举。后面常有其次、第二、然后等词语。"首先"可以出现在主语前面，"先"不能。例如：你们先走吧。/首先，你得向移民局提出申请。（然后，你……）

根据：介词/名词。可以出现在句首。例如：根据最新消息，一共有25人在这次事故中死亡。/你这样说的根据是什么？

光：口语。意思和"只"相同。例如：别相信他，他光会吹牛。/你别光说不干。

有些：兼有"有的"和"有点儿"的意思。"有些+名词"，例如：有些人＝有的人，有些时候＝有的时候。"有些+心理动词/形容词"，例如：有些/有点儿害怕，有些/有点儿不高兴，肚子有些/有点疼。

2. 语法：

(1) 趋向动词的引申用法

注意复合趋向补语中宾语的位置：V起/出 O 来。例如：

你们怎么说起这件事儿来了？

他这个人，平时不生气，但发起火来能把你吓死。

想了半天，也没想出一个好主意来。

叫不出他的名字来。

注意"了"的位置："了"可以紧挨动词，也可能出现在句子的最后面。例如：笑了起来/笑起来了，其他相关的趋向动词的引申用法：

① 下：

好，这套房子我买下了。

一点小意思，请收下。

② 下来：

事情就这样定下来了。

你把他的电话号码记下来。

昨天的节目很有意思，我已经录下来了。

老师的话你记下来了吗？

一天学10个生词，一年学下来就有3600多个了。

想减肥还不容易？三天不吃饭，你就瘦下来了。

教室里忽然安静下来了。

③ 上去：

你把他的名字也写上去吧。

他把去年的数字也统计上去了。

他的想法听上去不错。

④ 上来：

回答不上来。

说不上来有什么不好。

(2) 非……不可

"不可"可以不出现，意思一样。但受句子的音节因素的影响，有时一定要出现。

我非要去（不可）/ 我今天非去不可。

3. 背景知识：

"名"和"字"本来是两个东西。以前中国人既有"名"，也有"字"。如毛泽东，"泽东"是名，字"润之"，即"毛润之"。现代中国人只有"名"，一般没有"字"，但习惯上仍说名字。中国人很多是"双名"，即名字由两个字组成，其中一个（一般是前面一个）是他在家族里的辈分，如毛泽东的"泽"，他的弟弟妹妹的名字中也都有"泽"字。现在单名（名字只有一个字）的人越来越多，即使是双名，名字里也很少有表示辈分的字了。

 听力练习书面材料

对话A：

男：好啊，你们不等我来就喝上了，真不够朋友。

女：我们等了你半天了，你怎么才来？
男：一个外国朋友让我给他取一个中国名字，我就是想不出来好听的。

问题：
1. 这段对话可能发生在什么地方？
2. 男的为什么来晚了？

对话B：
男：多吃点吧。
女：不行。我在减肥呢。
男：你还减肥啊，再减下去，一阵风就能把你刮走了。

问题：
1. 女的觉得自己怎么样？
2. 男的觉得女的怎么样？

对话C：
女：咱们女儿叫什么名字，你想出来了没有？
男：我这不是在查词典吗？
女：我看就叫李杨算了，我姓李，你姓杨，李杨！

问题：
1. 女的和男的可能是什么关系？
2. 男的在干什么？

短文：
　　中国有一句很有名的话，好像是"人不可貌相"，意思是只看一个人长得怎么样，或者只从他穿什么衣服，是看不出来这个人的水平和能力的。穿得不怎么样的人可能很有钱，还可能是大公司的老板呢。但那说的是特殊情况。一般来说，根据一个人的穿衣打扮就可以看出来这个人的基本情况。所以很多中国人都特别讲究穿。

问题：
1. 关于那句很有名的话，下面哪个说法是正确的？
2. 一般来说，下面哪个说法是正确的？
3. 下面哪一个不是说话人的意思？
4. 很多中国人为什么讲究穿？

《练习册》练习答案

一、词语和结构

3. 把同义词连接起来：

(1) – g　　(2) – c　　(3) – b　　(4) – d

(5) – f　　(6) – e　　(7) – a

4. 选词填空：

一般　　普通

(1) 一般　　(2) 普通　　(3) 一般　　(4) 普通

光　　只

(1) 只　　(2) 光 / 只　　(3) 光　　(4) 光

有些　　有点儿

(1) 有些　　(2) 有点儿 / 有些　　(3) 有点儿　　(4) 有些

5. 给括号里的词选择一个合适的位置：

(1) C　　(2) B　　(3) C　　(4) A　　(5) C

6. 把所给的词组成句子：

(1) 你听出来我是哪里人了吗？／我是哪里人你听出来了吗？

(2) 他的名字我现在想不起来了。

(3) 我实在学不下去了

(4) 睡觉以前不要忘记关上空调。

(5) 这件事不能怪陈静。

7. 用"非……不可"改说下面的句子：

(1) 睡觉以前，我非把今天的作业做完不可。

(2) 他非要这么做不可，我们也没有办法。

(3) 你如果把我当朋友，这杯酒你非喝不可。

(4) 我把妈妈的衣服弄脏了，妈妈回来非骂我不可。

(5) 林娜要是知道了这件事，非气死不可。

8. 用下面所给的词填空：
   （1）决定　　（2）讲究　　（3）像　　（4）坚持
   （5）玩笑　　（6）名人　　（7）去世

9. 把下面的句子翻译成中文：
   （1）她的普通话只有一点儿口音，不注意的话根本听不出来。
   （2）我一定要坚持下去。
   （3）除了雅克，我们都没去过中国。
   （4）根据张老师的介绍，中国有很多同名同姓的人。
   （5）这件事不能怪别人，只能怪你自己不小心。

二、听力理解
   对话A：
   1. B　　2. C
   对话B：
   1. A　　2. B
   对话C：
   1. C　　2. B
   短文：
   1. C　　2. B　　3. B　　4. C

四、阅读理解
   1. F　　2. F　　3. F　　4. V

Dì-bā kè Duānwǔ Jié de gùshi
第八课 端午节的故事
Leçon huit   L'histoire de la fête Duanwu

教学目标

1. 掌握本课词语。
2. 学习语法：
   存现句

教学重点

1. 词语重点：
   前后　　关心　　当时　　后来
   突然　　结婚　　劝　　按照　　对手
2. 语法重点：
   存现句

教学步骤

1. 词语教学：
   （1）词语认读
   前后：
   　　春节前后，中国的交通非常紧张。
   　　开学前后是我们最忙的时候。
   关心：
   　　他一点也不关心孩子。

总统根本不关心普通人的生活。

当时：

我当时没想到这个问题。

当时我就跟他说，不能这么做，可他不听我的话。

后来：

那件事后来怎么样了？

后来我喝醉了，江山把我送回了家。

(2) 词语认读

突然：

他突然哭了起来。

突然，一条狗从树林里跑了出来。

事故发生得很突然。

结婚：

他和妻子是十年前结婚的。

他结过两次婚。

后来小王没有跟小张结婚。

劝：

你别劝他，劝也没有用。

朋友们都劝我不要一个人去那里旅行。

按照：

按照学校的规定，谁也不能在教室吸烟。

你应该按照老板的话去做。

对手：

没想到两个好朋友后来成了对手。

喝酒你不是他的对手。

2. 课文教学：

(1) 对话教学

听录音，理解内容。

提问：① 江山和白小红说好几点见面？

② 白小红为什么来晚了？

③ 中国经常有龙舟比赛吗？

④ 屈原为什么要自杀？

⑤ 大家为什么要向河里扔米饭？

⑥ 白小红准备什么时候、在哪里请江山吃粽子？

领读，解释难点。

学生分配角色读。

(2) 短文教学

听录音，理解内容。

提问：① 许仙和妻子是怎么认识的？

② 法海让许仙干什么？

③ 许仙为什么一定要妻子喝酒？

④ 许仙为什么躲到了金山寺？

⑤ 白蛇要到丈夫了吗？

领读，解释难点。

学生朗读。

短文复述：白娘子和许仙的故事。

3. 语法教学：

存现句

(1) 表示存在。

桌子上放着一本书。

沙发上坐着两个姑娘。

外面下着雨。

(2) 表示出现。

昨天我们家来了很多客人。

路边跳出来一只鹿。

前面开过来一辆汽车。

突然下起了大雨。

教 学 参 考

1. 词语：

关于重点词语的补充说明：

前后：表示时间。常见的说法是"时间名词/VP+前后"。例如：圣诞节前后/春节前后/开学前后/6月16号前后。但不能说：今天前后/5月前后。

当时：事情发生的时候，指过去的时间。例如：我当时没想到这个问题。

"那时（候）"可以表示将来的某一时间。

突然：用在动词前面，也可以用在句首，书面上用逗号隔开，口语里有停顿。例如：他突然哭了起来。/ 突然，一条狗从树林里跑了出来。"忽然"和"突然"："突然"是形容词，可以做定语、状语、补语，"忽然"是副词，只能做状语。例如：事情发生得太突然了，我一点准备也没有。

结婚：离合词。不能再带宾语。不能说"结婚他"，要说"和/跟/同他结婚"。例如：(1) 他和妻子结婚十年了。/ * 结了十年婚。(2) 他结过两次婚。/ * 结婚过两次。(3) 后来小王和小张没有结婚。/ * 小王没有结婚小张。反义词是"离婚"，用法和"结婚"一样。

劝：后接代词或者小句。俗语：听人劝，吃饱饭。

按照：引出要遵守的规定或标准等。可以用在动词的前面，也可以出现在句首。口语可以只说"照"。

对手：竞争者或水平相当者。例如：意大利队的下一个对手是韩国队。/ 中国队根本不是巴西队的对手。成语"棋逢对手"，意思是遇到了水平相当的人，一般指双方的水平都比较高。

其他词语：

伤心：可以是形容词，也可以是离合词，如"你伤了她的心"。

幸福：反义词"不幸"。

发生：不能用在"把"字句和"被"字句中，也不能跟"着"。例如：发生了什么事儿？/ 谁也不希望发生这种事。

2. 语法：

(1) 表示存在的句子

① a. 桌子上放着一本书。

　　b. 有（一）本书在桌子上放着。

　　c. 有（一）本书放在桌子上。

② a. 沙发上坐着一个姑娘。

　　b. 有（一）个姑娘在沙发上坐着。

　　c. 有（一）个姑娘坐在沙发上。

请注意：

① 存在句的基本功能是描写什么地方存在着什么。但这里的处所词语在形式上是主语，但实际上是句子的话题，所以跟一般的处所词语不

一样，前面不能有介词。

② 名词前面应有数量词语修饰。如：中国出了个毛泽东。

③ 存在句的变换式：b、c 都可以，但前者更常用。由于汉语主语（话题）倾向于有定，所以无定形式"一 M+ 名词"不能做话题，前面要加"有"。

④ 在认知上，汉语习惯做正面描写，因此存在句一般没有否定格式。

⑤ "桌子上放着一本书"的否定是"桌子上没放书"。严格地说，这是对"放了"的否定，但"放着"的前提是"放了"，所以它也可以看作是对"放着"的否定。因为否定的是某一状态，不是数量，所以名词前面的数量词要去掉。

（2）表示出现的句子

昨天我们家来了三位客人。（昨天我们家没来客人。）

前面开过来一辆汽车。

屋里走出来一个姑娘。

请注意：

存在句的使用条件大多也适用表示出现的句子。即：

① 处所词语前面一般没有介词。

② 宾语部分一般有数量词。

③ 一般没有否定格式。

（3）无主句

汉语表示某些自然现象的句子在习惯上用"动词+名词+了"表达。这种句子没有主语，所以叫无主句。其中"了"有两个作用，一是提醒听话人（读者）注意出现了某种情况（变化），二是起完成句子（构成一个句子）的作用。

下雨了。

出太阳了。

刮风了。

下雪了。

3. 背景知识：

关于端午节

关于端午节吃粽子、赛龙舟的民俗起源有不同的说法。影响最大的就是纪念屈原说。

"端"的意思是"开始、初";"午"就是"五","端午"也可以说"端五",就是五月初五。"五"属阳,所以端午节也叫端阳节。实际上就是夏节。在中国特别是南方很受重视。

关于《白蛇传》

　　这是中国民间故事,跟中国南方的蛇图腾文化有关。最早见于话本小说,如"白娘子永镇雷峰塔"。后来经过加工。有很多传说,本文只是其中一种。

　　中国人普遍比较同情白娘子("娘子"是古代丈夫对妻子称呼,也用来称已婚妇女,甚至称女性,如"娘子军"),认为法海多管闲事。白娘子为了和丈夫团聚,率水族大军水漫金山,但被法海的禅杖挡住。法海的法力比白娘子高,白娘子最终在孩子满月那天被法海用金钵压住,法海在杭州西湖旁边造了一座佛塔,塔下面埋着金钵,这就是雷峰塔。

　　相关的故事还有《白状元祭塔》。说是白娘子和许仙的儿子后来考上了状元,到雷峰塔前祭奠他的母亲。祭奠之后,塔倒了,白娘子出来,一家人团圆了。这是中国人喜欢的大团圆结局。

　　其实雷峰塔并非法海所造,下面也没有白娘子。但杭州西湖边真的有座雷峰塔,建于宋代,"雷峰夕照"是西湖十景之一。雷峰塔1924年倒塌。2000杭州市开始重修,2002年9月完工。

　　金山寺在江苏镇江,相传许仙和白娘子婚后曾一度搬到了镇江。

听力练习书面材料

对话A:
　　女:我得走了。
　　男:怎么,有约会吗?
　　女:我跟小王说好了,八点钟在学校门口见面。
　　男:急什么,还有半个小时呢。

问题:
　　1. 现在几点?
　　2. 女的要去哪儿?

对话B:
　　男:前面来了一辆公共汽车,好像是9路。
　　女:不是,你看,上面写着呢,是19路。

男：我们就坐19路吧？
女：不行，19路不去动物园。

问题：
1. 他们要去哪儿？
2. 他们准备坐几路公共汽车？

对话C：
男：跟老板说了吗？
女：没有。我进去的时候，沙发上坐着两个人，我都不认识。
男：老板不在吗？
女：在，老板在打电话呢。

问题：
1. 女的进去以前，老板房间里有几个人？
2. 女的为什么没有跟老板说？

短文：
　　从前有座山，山上有座庙。开始的时候庙里只有一个和尚，他每天都要到山下的河里挑水喝。他觉得很累，但是没办法，山上只有他一个人，他不干谁干呢？过了一段时间，庙里来了一个年轻一点的和尚，原来的和尚很高兴，每天都让新来的和尚去挑水。可是，一个月以后，新来的和尚说，不能总让我一个人挑水吧，咱俩得一起去。于是，两个和尚每天一起下山上山地抬水喝。过了半年，庙里又来了一个更年轻的和尚，原来的两个和尚高兴极了，每天都让他一个人去挑水。这第三个和尚一个人挑了半个月以后，心想：为什么老是让我一个人去挑？他也不干了。这样问题就来了：挑水吧，只需要一个人，抬水吧，只需要两个人。谁去谁不去，谁抬的次数多，谁抬的次数少，三个和尚经常为这些事吵架。有时候，谁都不肯去挑水，庙里就没水了。这个故事就叫"三个和尚没水喝"。

问题：
1. 庙里的和尚要到哪里去弄水喝？
2. 第二个和尚来了一个月以后，他们怎么弄水喝？
3. 第三个和尚一个人挑了多长时间的水？
4. 三个和尚为什么没水喝？

《练习册》练习答案

一、词语和结构

3. 辨字组词：

跑步	跳舞	踢足球	路过
愿意	想念	忽然	感动/感觉
表达	知道	普通	球迷
问题	一颗心	顺口	预报

4. 选词填空：
(1) 以后　　(2) 后来　　(3) 以后　　(4) 以后

5. 给括号里的词选择一个合适的位置：
(1) C　　(2) C　　(3) C　　(4) A　　(5) D

6. 把所给的词组成句子：
(1) 你应该按照老师告诉你的办法去做。
(2) 林娜被男朋友给气哭了。
(3) 酒让他们给喝完了。
(4) 她只吃了一口就说不好吃。
(5) 当时有很多人在看热闹。

7. 改说句子：
(1) 有个小伙子从前面走过来了。
(2) 有片树叶从树上掉下来了。
(3) 有个姑娘在沙发上坐着。
(4) 许仙的行为把两位姑娘感动了。
(5) 昨天晚上汽车把他给撞伤了。

8. 用下面所给的词填空：
(1) 醉　　(2) 说好　　(3) 故事　　(4) 前后
(5) 纪念　　(6) 关心　　(7) 救　　(8) 伤心

9. 把下面的句子翻译成中文：
   （1）今天我们家来了一个特殊的客人。
   （2）我进去一看，沙发上坐着一个挺漂亮的姑娘。
   （3）前面开过来一辆汽车。
   （4）桌子上放着一台电脑。
   （5）许仙被躺在床上的白蛇吓坏了。

二、听力理解
   对话A：
   1. A   2. A
   对话B：
   1. B   2. A
   对话C：
   1. B   2. C
   短文：
   1. B   2. C   3. A   4. B

四、阅读理解
   1. F   2. V   3. F   4. V   5. V

Dì-jiǔ kè　Kǒng fūzǐ bān jiā
第九课　孔夫子搬家
Leçon neuf　Confucius déménage

教学目标

1. 掌握本课词语。
2. 学习语法：
　　a. 介词用法小结
　　b. 口语格式

教学重点

1. 词语重点：
　　绝对　　替　　　别说　　关于
　　印象　　忍不住　至少　　显得　　尤其　　居然
2. 语法重点：
　　a. "为"、"给"、"替"的用法
　　b. "关于"、"按照"、"根据"的用法

教学步骤

1. 词语教学：
　（1）词语认读
　　　　绝对：
　　　　　　我绝对没说过这样的话。
　　　　　　这事儿绝对是他干的。

替：
今天张老师不舒服，王老师替他给我们上课。
我的朋友已经在上海替我订了一个房间。
麻烦你替我（向老师）请个假。
要是看到好书，替我买一本回来。

别说：
别说中国了，就连亚洲我都没去过。
这个问题大人也不会回答，别说孩子了。

关于：
关于这个问题，我现在很难给你回答。
关于西湖，我听说过一个美丽的爱情故事。

(2) 词语认读

印象：
我十年前去过那儿，现在已经没有印象了。
第一印象很重要。

忍不住：
我实在忍不住了，给我一支烟吧。
他听了这个故事，忍不住哈哈大笑。

至少：
参加他的生日晚会的至少有100人。
你至少应该给父母打个电话，告诉他们你在哪儿。

显得：
看到我们，他显得很高兴。
他们第一次参加比赛，所以显得有些紧张。

尤其：
你穿这身衣服尤其漂亮。
汉语很难学，尤其是汉字。

居然：
你居然不听老板的话，等着瞧吧。
我已经跟你说过三次了，你居然还没记住。

2. 课文教学：

(1) 对话教学
听录音，理解内容。

提问：① 孔夫子是谁？
② 孔夫子经常搬家吗？
③ 古代的书是用什么做的？
④ 张华为什么不愿意和江山比赛打篮球？
⑤ 孔夫子搬家是什么意思？

领读，解释难点。

学生分配角色读。

(2) 短文教学

听录音，理解内容。

提问：①"我"对上海的哪个地方印象最深？为什么？
② 中国以前的书怎么样？现在的书怎么样？
③ 中国人为什么喜欢买书？
④ 郑教授家哪个地方没有书？
⑤ "我"本来不相信什么事儿？

领读，解释难点。

学生朗读。

短文复述：喜欢买书的中国人。

3. 语法教学：

(1) 为／替／给：

我这样做是为你好。

他在那儿挺好的，你不用为／替他担心。

你别去了，我替你买点儿就行了。

你不能光想着你自己，也应该替／为别人想想。

到了那里给家里打个电话。

我给／为／替你们当翻译吧。

(2) 向／往：

再往／向前走100米就到了。

在很多方面，中国都应该向外国学习。

(3) 关于：

关于这件事，我的确一点都不知道。

我给你们讲一个关于狗的故事吧。

(4) 根据：

根据学校的规定，大学生在毕业以前不能结婚。

老师会根据你的水平，决定你在哪个班学习。

(5) 按照：

按照原来的打算，我们现在应该去纽约。

为什么不按照我说的去做？

教学参考

1. 词语：

关于重点词语的补充说明：

绝对：用在动词短语前面，表示一种极端的语气，让别人相信。关于"绝"，口语里的说法有：绝了！（没有更好的了）/我给你表演一个绝活儿。（别人不会的）/别把话说得太绝了。（没有余地）

替：动词，意思是"代替"，代表意思是"为/给"。怎么区分请参看"语法"部分。

至少：不仅仅表示数量，也可以表示程度。反义词是"至多/最多"。口语里的同义词是"起码儿"。

居然：意思、用法都和"竟然"相同，只能用在主语后。

尤其：意思和"特别"一样，但没有"特别"的形容词用法，如不能受"很"等修饰，不能修饰名词。"尤其是……"表示举例。

其他词语：

搭档：合作者。例如：我跟他是老搭档了。

过奖：用来回答别人的夸奖，跟"哪里哪里"的作用类似。

输/赢：书面的说法是"胜/败"。第三种可能是"平"（棋类比赛用"和"）。新词语"双赢"，意思是双方都能得到好处。

包装：本来指的是东西的外包装，例如：请把这个包装一下。/现在的东西外面的包装都很漂亮。

新用法："包装"人。例如：你应该学会包装自己，现在流行这个。

亲眼：我亲眼看见他走进了那家咖啡馆。类似的词语：亲耳/亲手/亲口。例如：这是我亲耳听到的，绝对没错。/这是我亲手包的饺子，绝对地道。/这是他亲口告诉我的。

一分（价）钱一分货：俗语。类似的还有"好货不便宜，便宜没好货"。

2. 语法：

(1) 介词及其用法

汉语的介词有的引进空间，有的引进时间，还有的引进动作的对象。这些介词及其宾语组成的介词短语都和动词有关。例如"和/跟/为/给/替/向/往"等。这些介词短语最常见的用法是出现在动词之前，在句法上是做状语。

另外，有些介词引进的则是动作、事件的根据、来源以及关系者等等，这些介词及其宾语组成的介词短语是属于句子的。例如"关于/按照/根据"等。这些介词短语一般都可以出现在句首，为句子提供谈论的背景和话题。

主要跟动词有关的：把/被/跟/和/对/替/给/往/向/对。"为/替/给"：都可以引进受益者。这时三者可以互换。例如：医生的工作就是给/为/替病人治病。

"替"基本上都可以说成"为"或"给"，但"为"表示原因或目的的时候不能说成"替"；"给"的意思就更复杂了，做介词的主要意思是动作的接受者，因此不仅可以表示受益者，还可以表示受损者。例如：小心点儿，别把书给人家弄脏了。

"为"、"替"、"给"都是从动词虚化而来的，现代汉语里"为"的动词用法很少见；但"替"和"给"的动词意思和用法却很常见。如果"替/给"后面没有别的动词，"替/给"是动词。例如：你去替小张一会儿，他太累了。/这个给你。

主要跟句子有关的：关于/根据/按照。

关于：引出动作行为涉及的事物或范围。一般出现在句首，可以看作话题的标记。例如：

关于这个问题，我们还没有研究。

关于汉语晚会的时间，老师还没有决定。

也可以做名词的修饰语。例如：

我看过很多关于动物的书。

根据：引出动作行为的前提或根据。"根据"及其宾语组成的介词短语如果和动词没有直接的关系，一般出现在句首，作为句子谈论的背景或起点。如果和动词有直接的关系，可以出现在主语之后、动词之前。例如：

根据这些资料，我们还不能做出最后的决定。

根据我们的了解，这件事和他没有关系。

你根据什么来做决定呢？

按照：表示遵从某种规定、条件或标准。用法和"根据"大致相同。口语里可以只说"按"或"照"。例如：

按照中国人的习惯，过春节那天一定要吃饺子。

按规定，办私事不能用公车。

我照您的办法一试，还真成功了。

(2) 口语格式

① 别说 X 了，就是 / 就连 Y 也 / 都 Z：

含有强调语气。例如：

别说汽车了，就是飞机我也会开。

他连县城都没去过，（更）别说北京了。

② X 是 X，可是 / 但 / 不过 Y：

先承认某一观点（往往是对方的），然后表达自己相反的看法。语气比较委婉。例如：

这件衣服漂亮是漂亮，可是也太贵了。

3. 背景知识：

孔子（Confucius），名丘，字仲尼，中国春秋时期人。人们称之为孔夫子（夫子是中国古代对有地位、有学问的男人的敬称）。中国儒家学派的创始人。传说中国古代最早的诗歌总集《诗经》经过他的修订。

孔子是中国古代最有名的教育家，传说他的学生有三千人，有相当成就的有七十二人，号称"七十二贤人"。孔子死后，他的学生把他的言行整理成语录体著作，这就是著名的《论语》。

孔子思想（Confucianism）可以用5个字代表："仁"（humanisme）、"义"（fidélité）、"礼"（bienséance）、"智"（sagesse）、"信"（confiance）。生活在战国时代的孟子（孟轲）把孔子的思想发扬光大，后世称为"孔孟之道"。到了汉代，中国"独尊儒术"，儒家思想成为中国的"国教"。后来各个朝代的皇帝更是把孔子尊为"圣人"，儒家思想和"道教"、"佛教"并立，是影响中国最深的思想。

孔子的思想对东亚和东南亚很多国家特别是日本、韩国的影响很大。可以看作是东方文化的代表。

 听力练习书面材料

对话 A：

女：中国人家里都有书吧？

男：那不一定。有人最讨厌的就是书。

女：谁？为什么？
男：经常赌博的人。他们只喜欢赢，不喜欢"书"（输）。

问题：
1."讨厌"是什么意思？
2.经常赌博的人为什么不喜欢书？

对话B：
男：你买这么多牛奶干什么？一个人喝得了吗？
女：这一盒是我的，这一盒是替林娜买的。
男：林娜呢？
女：到图书馆给我借关于中国方面的书去了。

问题：
1.女的买了多少牛奶？
2.林娜去图书馆借什么书？

对话C：
男：今天去我那儿教我做糖醋鱼吧。
女：不是教过你了吗？你是不是按照我说的方法做的？
男：是啊，可我做的还是不好吃。
女：今天我没时间，改天吧。

问题：
1.男的在向女的学习什么？
2.女的打算什么时候教男的？

短文：
因为方言不同，中国人喜欢的数字也不一样。北方人没有特别的爱好，只要是双数，不管是2、4、6、8，北方人都喜欢。因为他们希望"好事成双"。南方人就不一样了。有的人最不喜欢"4"，因为"4"的发音和"死"比较像；广东人最喜欢8，因为在广东话里，"8"的发音和挣钱发财的"发"比较像。现在北方的年轻人也开始喜欢8，如果电话或手机的号码最后一个数字是8，主人就会特别高兴。

问题：
1.北方人喜欢的数字是什么？
2.最喜欢"8"的是哪里人？

3. 喜欢或者不喜欢一个数字跟什么有关系？

《练习册》练习答案

一、词语和结构

3. 把同义词连接起来：

（1）– g　　（2）– f　　（3）– b　　（4）– c

（5）– d　　（6）– a　　（7）– e

4. 选词填空：

绝对　　一定

（1）绝对　　（2）一定　　（3）绝对　　（4）绝对

给　　替

（1）替　　（2）给　　（3）给/替　　（4）替

5. 给括号里的词选择一个合适的位置：

（1）A　　（2）C　　（3）C　　（4）B　　（5）C

6. 把所给的词组成句子：

（1）林娜让我替她买点儿苹果。

（2）我绝对不相信她居然会这么做。

（3）关于这件事，你还知道什么？

（4）我一个星期至少要路过那个地方两次。

（5）她好像并没有生气。

7. 改说句子：

（1）这件衣服贵是贵，但是的确很漂亮。

（2）那个地方的东西便宜是便宜，可是"便宜没好货"。

（3）张老师的普通话地道是地道，但是有时候说得太快了。

（4）我除了星期三，我每天都要上课。

（5）除了林娜，我们班都不是东方人。

8. 用下面所给的词填空：
   (1) 绝对　　　(2) 居然　　　(3) 关于　　　(4) 古代
   (5) 忍不住　　(6) 关系　　　(7) 亲眼

9. 把下面的句子翻译成中文：
   (1) 要是有好书，你替我买一本。
   (2) 关于移民的事儿，你最好自己去移民局问。
   (3) 她不喜欢别人跟她开玩笑。
   (4) 在很多方面，东方人都应该向西方人学习。
   (5) 根据我们了解的情况，这件事跟他没有一点关系。

二、听力理解
　　对话A：
　　1. A　　2. C
　　对话B：
　　1. B　　2. B
　　对话C：
　　1. A　　2. C
　　短文：
　　1. C　　2. C　　3. B

四、阅读理解
　　1. F　　2. V　　3. V　　4. F　　5. V

Dì-shí kè Háishi zhuāngzhòngdiǎnr hǎo
第十课 还是 庄重点儿 好
Leçon dix Il vaudrait mieux être un peu plus sérieux

教 学 目 标

1. 掌握本课词语。
2. 学习语法：
   a. 副词"就 / 才 / 都 / 还"的用法
   b. 副词"反正"的用法

教 学 重 点

1. 词语重点：
   反正   适合   敢   犹豫
   满意   干脆   一直
2. 语法重点：
   副词"就 / 才 / 都 / 还"的用法

教 学 步 骤

1. 词语教学：
   （1）词语认读
       反正：
           不管你们去不去，反正我不去。
           反正我明天没有课，就陪你去一次吧。

适合：
　　这种颜色的衣服不适合我。
　　秋天是最适合旅行的季节。

敢：
　　你敢不敢跟我比赛？
　　晚上10点以后，我不敢一个人上街。

犹豫：
　　别犹豫了，赶快决定吧！
　　这么好的机会，你还犹豫什么。
　　你呀，干什么事都是犹犹豫豫的。

(2) 词语认读

满意：
　　老板对他的工作有点儿不满意。
　　我已经很满意了。

干脆：
　　干脆点儿，到底同意还是不同意？
　　他说话做事都很干脆。
　　已经10点半了，你干脆别去了。

一直：
　　我一直想去非洲旅行，可是一直没有机会。
　　从九点钟开始，他就一直站在那儿。
　　我们从晚上八点一直喝到十一点。
　　最近这段时间一直在下雨。

2. 课文教学：

(1) 对话教学

听录音，理解内容。

提问：① 老黄今年多大？
　　　② 下岗了，老王为什么不着急？
　　　③ 刚下岗的时候，老王为什么假装去上班？
　　　④ 老王为什么不看新闻？
　　　⑤ 他们为什么要去培训班报名？
　　　⑥ 他们明天准备去学什么？

领读，解释难点。

学生分配角色读。

(2) 短文教学

听录音，理解内容。

提问：① 钱平平为什么睡不着？

② 钱平平今天要去干什么？

③ 钱平平起来那么早干什么？

④ 钱平平为什么不穿连衣裙穿吊带裙？

⑤ 钱平平最后穿了什么衣服去面试？为什么？

领读，解释难点。

学生朗读。

短文复述：穿什么好。

3. 语法教学：

(1) 就：

我今天早上6点钟就起床了。

他们两个人认识不到一个月就结婚了。

(2) 才：

我今天早上10点钟才起床。

他们两个人谈了3年恋爱才结婚。

(3) 都：

来加拿大都快半年了，林娜还没有习惯这里的生活。

都12点了，你怎么还不走啊？

(4) 还：

白天要上课，晚上还要去打工，挺辛苦的。

再坐一会儿吧，离开车时间还有两个小时呢。

教学参考

1. 词语：

关于重点词语的补充说明：

反正：表示无论怎样，结果都一样。前面经常有"不论/不管"等；"反正"后面跟的往往是不可改变的事实，所以这种事实也可以作为理由。

例如：反正你要去超市，就顺便给我买点东西回来吧。/跟我们一起去吧，反正你也没事。

犹豫：本是传说中的动物，性格比较多疑，总是徘徊不前。重叠"犹犹豫豫"。成语：犹豫不决。

敢："敢说"和"不敢说"可以表示有没有把握做出判断。例如：我敢说她没去过中国。

满意：反义词"不满"。他好像很不满的样子。/ 你有什么不满就说出来。

干脆：说话、做事不拖泥带水，不犹豫。可以表示语气，往往表示最后的决定。例如：干脆这样吧，明天我们一起去。

一直：比较"从来"和"一直"。"一直"可以有肯定用法，"从来"没有。"一直"可以是在比较短的时间里，"从来"一定是在较长的时间段里。例如：① 这几天一直在下雨。② 我一直不抽烟。/ 我从来不抽烟。③ 最近几天我一直没抽烟。/ 近几天我从来没抽烟。

其他词语：

疯：可以单独使用。也可以做结果补语。如：你疯了？/ 想家都想疯了。/ 孩子们玩电子游戏都玩疯了。/ 我几乎气疯了，你们还在笑。

同病相怜：意思是有同样不幸遭遇的人互相同情。

就业："就"的意思是"接近"。类似的词语还有：就餐 / 就任 / 就职 / 就座。

性感："感"表示给人的感觉。在现代汉语里有很强的构词能力。例如：好感 / 美感 / 反感 / 口感 / 手感 / 动感 / 成就感。

随手：没有好好儿考虑就做了。例如：我刚才随手一扔，不知道放在哪儿了。类似的词语有"随口"。如：我想也没想，随口就答应了。

2. 语法：

副词的主观意义

汉语里一些常见副词可能含有说话人的主观倾向。

就 / 才："就"和"才"都跟时间和数量有关。二者都可以跟在时间词语的后边，这时"就"表示说话人觉得动作发生得早 / 快或用的时间少；"才"正好相反，表示晚 / 慢或用的时间多。例如：

我昨天晚上11点就睡了。

我昨天晚上11点才睡。

如果是在时间词语的前面，"就"表示说话人认为该时间晚，"才"表示该时间早。例如：

第十课　还是庄重点儿好

我回到家的时候就9点半了。
我回到家的时候才9点半。

"就"和"才"跟在数量词语后面时,"就"表示说话觉得多,"才"表示说话人觉得少。例如:

她喝了一瓶酒就醉了。
她喝了一瓶酒才醉。

但如果"就"和"才"用在数量词语前面,两者可能都表示说话人认为少。例如:

我们班就三个韩国学生。
我们班才三个韩国学生。

注意:"才"只表示少;"就"表示说话人认为多还是少要根据重音决定:如果重音在"就"上面,则表示少,否则表示多。例如:

她一个月工资就2000块钱。

都:"都"的基本用法是表示范围。这时"都"要重读。此外"都"还有两种用法,一种跟"连"字句有关,另一种则表示已经。这两种意思其实都跟范围有关,达到或超出。但这两种情况下的"都"都要轻读。"都"表示已经的意思要与"了"配合使用,即"都X了"。"都X了"说话人觉得X晚/长/大/多等。例如:

英语你都学了三年了,日常会话应该没问题了吧。
我都两个星期没给家里打电话了。
都12点了,该睡觉了。

跟"连"字句("连"可能不出现)有关的"都":如果句子中有数量/时间词,"都"表示说话人认为少/短。例如:

我来加拿大(连)一个月都不到,谈不上了解。
我认识的汉字(连)100个都没有。

注意:"就X"和"都X"都需要"了",两者相反的意思都是"才X"。"才X"一定不能带"了"。

还:"还"的基本意思是仍然、继续、增加。与此有关的是,"还"可以表示说话人觉得晚/多/更的意思,含有把事情往大、高、重里说的意思。例如:

外面还有那么多人啊!
她还没起来呢。
快点吃吧,吃完饭还要干活呢。
她的普通话说得比有的中国人还标准。

"还"和部分词语一起使用时表示往小里说的意思。如：还好/还不错/还行等。"还"还有一些其他的用法。这里从略。

另外，"还是"也表示仍然、没有变化的意思。例如：

找了半天，还是没找到。

我说了好几遍，他还是不明白。

另外，"还是＋VP"可以表示经过比较、考虑以后做出的选择，这时"还是"要轻读。例如：

你还是给她打个电话吧，不然她会生气的。

又：表示动作的重复或反复进行，也可以表示不同的动作相继发生。用于已经发生的动作。"又"可以表示语气，经常和表示转折的"可是/但是"一起使用。用在否定句或反问句中，可以加强否定。例如：

我是去找工作，又不是去见男朋友。

我对这种事情不感兴趣，你又不是不知道。

好容易："好容易"和"好不容易"做状语，意思一样，都是"很不容易"的意思。类似的还有"好不热闹＝好热闹"。

3. 背景知识：

最近几年，中国国有企业实行改革，国家对很多企业实行"关（关闭）、停（停产）、并（合并）、转（转产）。因此很多国有企业工人下岗，再就业压力比较大。特别是四十到五十岁的下岗工人。政府采取了很多办法让这些人再就业，叫"4050工程"。课文里的老王和老黄就属于这种人。

听力练习书面材料

对话A：
女：咱们还是不去饭店吃了吧。
男：走吧，反正不用你和我花钱。
女：那谁花钱？
男：今天老板请客。
女：太阳怎么从西边出来了。

问题：
1. 女的本来不想去饭店吃饭，是因为什么？
2. 女的觉得老板平时怎么样？

第十课 还是庄重点儿好

对话 B：

男：年轻好啊，年轻就是幸福。
女：我都小 40 了，不年轻了。
男：我明年就 60 了，你跟我比，当然年轻啦。

问题：
1. 女的今年多大了？
2. 男的今年多大了？

对话 C：

男：时间还早呢，再坐一会吧。
女：不早了，从这儿到火车站最快也得半个小时。
男：现在才 6 点，离开车还有 1 个小时呢。
女：万一路上堵车呢？还是早点儿走吧。

问题：
1. 火车几点开车？
2. 女的担心什么？

短文：

很多大学四年级的学生都为找工作的事情头疼。辛辛苦苦读了四年，谁不想找一个好工作？可是，现在的毕业生要找到一个好工作也确实不容易。所以很多人刚上四年级就开始找工作。

现在的用人单位都要面试。这本来很正常。可是让人受不了的是，面试的人常常问一些和工作没有关系的问题，比如说你有没有男朋友或者女朋友，最近准备不准备结婚等等。没办法，你还不能不回答。有时候想想，还是自己当老板好。

问题：
1. 关于大学四年级的学生，下面哪个说法是正确的？
2. 关于找工作，下面哪个说法是不正确的？
3. 关于面试，下面哪个说法是正确的？

《练习册》练习答案

一、词语和结构

3. 选词填空：

(1) 一直/从来　　(2) 一直　　(3) 从来　　(4) 一直

4. 给括号里的词选择一个合适的位置：

(1) B　　(2) A　　(3) C　　(4) B　　(5) B

5. 把所给的词组成句子：

(1) 我不敢一个人去旅行/我一个人不敢去旅行。

(2) 没想到老王才四十岁就下岗了。

(3) 昨天晚上我饭也没吃就睡觉了。

(4) 他今年都四十多岁了。

(5) 外国人我又不是没见过。

6. 改说句子：

(1) 他今年都35岁了，不年轻了。

(2) 比赛都开始半个小时了。

(3) 我昨天12点就睡觉了。

(4) 他们走了以后，我才走。

(5) 才11点，他们就来了。

7. 用下面所给的词填空：

(1) 一直　　(2) 敢　　(3) 假装　　(4) 瞒

(5) 适合　　(6) 消息　　(7) 培训　　(8) 报名

8. 把下面的句子翻译成中文：

(1) 这支口红是我妈妈从巴黎给我买的，我一直舍不得用。

(2) 我逛了好几家商场，好容易才买到一件适合我妈妈穿的衣服。

(3) 别犹豫了，反正你在家也没有什么事。

(4) 我都不急，你急什么呀？

(5）我就不相信你能一直瞒下去。

二、听力理解

对话A：

1. A   2. A

对话B：

1. B   2. A

对话C：

1. C   2. A

短文：

1. B   2. B   3. B

四、阅读理解

1. F   2. V   3. V   4. F

Dì-shíyī kè "Yào" háishi "jiè"?

第十一课 "要"还是"借"?

Leçon onze 《Demander》 ou 《emprunter》?

教学目标

1. 掌握本课词语。
2. 学习语法：
   复句

教学重点

1. 词语重点：

   辛苦　　利用　　万一

   理解　　可笑　　仔细　　却　　再说

2. 语法重点：

   几种常见的复句格式：

   a. 虽然……，但（是）/ 可是……

   b. 哪怕 / 即使……，也……

   c. 只有……，才……

   d. 只要……，就……

   e. 不论 / 不管……，都……

教学步骤

1. 词语教学：

   （1）词语认读

辛苦：
　　他为了挣钱，每天都要工作到很晚，实在太辛苦了。
　　他这些钱都是辛苦钱，所以舍不得花。
利用：
　　我想利用这个假期好好儿学习。
　　学外语首先要学会利用词典。
万一：
　　你还是带上伞吧，万一下雨了怎么办？
　　万一有什么事，就给我打电话。

(2) 词语认读
理解：
　　我觉得你其实并没有理解他的意思。
　　很多人对他的做法都感到不理解。
　　这篇文章很难，有些地方不容易理解。
可笑：
　　你这种想法太可笑了。
　　我今天碰到了一件可笑的事儿。
仔细：
　　卧室、厨房、卫生间我都仔细看过了，没有你的猫。
　　你仔细想想，是不是放在家里了？
　　他做事情很仔细。
却：
　　我告诉他们怎么走，他们却不相信我的话。
　　我往他家里打了好几次电话，但却一直没人接。
再说：
　　这件衣服太贵了，颜色也不好看。再说，这种样式是去年流行的。别买了吧。

2. 课文教学：

(1) 对话教学
　　听录音，理解内容。
　　提问：① 林娜的父母为什么不让她打工？
　　　　　② 关于林娜的生活费，她父母是怎么说的？
　　　　　③ 林娜为什么觉得父母的钱就是孩子的钱？

④ 马克为什么觉得父母的钱不是孩子的钱？
⑤ 林娜明白马克的想法了吗？

领读，解释难点。

学生分配角色读。

(2) 短文教学

听录音，理解内容。

提问：① 马克的学费是从哪儿来的？
② 林娜不能理解什么？
③ 在哪些情况下，中国的孩子不能伸手向父母要钱？
④ 林娜为什么吓坏了？
⑤ 林娜的爸爸为什么不让林娜去打工？
⑥ 林娜为什么觉得爸爸的话有道理？
⑦ 你觉得林娜爸爸的话有道理吗？
⑧ 林娜最后去打工了吗？

领读，解释难点。

学生朗读。

短文复述：打不打工。

3. 语法教学：

复句格式：

① 虽然……，但是……

我们虽然见过面，但是互相并不熟悉。

虽然工作很辛苦，但是能挣不少钱。

② 哪怕/即使……，也……

即使下雨我也不怕，我带着雨伞呢。

即使在夏天他也不吃冰淇淋。

哪怕是太阳能从西边出来，我也不相信他会做饭。

③ 只有……，才……

只有学会一个国家的语言，才能很好地了解这个国家的文化。

只有加入了WTO，中国才有更多的发展机会。

④ 只要……，就……

只要有技术，就一定能找到工作。

你只要花五块钱买一张票，就能参加他们的活动。

⑤ 不论/不管……，都……

不管是NBA还是一般水平的篮球比赛，江山都喜欢看。

她只要看见好看的衣服，不管是不是适合自己，都是先买了再说。

教学参考

1. 词语：

   关于重点词语的补充说明：

   辛苦：可以用来表示安慰和感谢。如：辛苦你了。（你们）辛苦了。

   利用：一般的用法是"利用什么（机会/时间/工具/特点）干什么"。"人"也可以被当做工具利用。如：我不喜欢被别人利用。

   万一：常见的用法是"万一……怎么办"。俗语：不怕一万，就怕万一。

   理解：表示明白为什么，"了解"是"知道是什么样的"。例如：
   了解一个人比较容易，但理解一个人就比较难了。/我不太了解他。
   我不了解那儿的情况。/我不理解那儿的情况。
   我希望能得到你的理解。/我希望能得到你的了解。

   可笑："可"的意思是"值得"。类似的词还有：可恨/可爱/可怜/可气。

   却：表示转折。"却"只能出现在主语的后面，"但是/可是"则相反。两者可以一起出现，"却"只能出现在"但是"的后面。例如：有人笑话陈静的男朋友很小气，可是陈静自己却不这么想。/他的朋友虽然多，但却没有几个是真正理解他的。

   再说：一个意思是表示先做某件事情，然后再做别的事情或考虑。这种用法一般出现在动词或者小句的后面。例如：今天先解决这件事儿，别的明天再说。另外一个用法是补充理由，一般用在动词短语或小句的前面，例如：这件衣服挺适合你的，颜色也不错。再说也不贵，买了吧。

   其他词语：

   想法："法"是名词后缀。类似的词很多，例如：看法儿/做法儿/学法/玩法儿/吃法儿/写法儿。

   部分：大部分/小部分/一部分。反义词：整体。

   笔：量词。一般用来表示钱或者跟钱有关的东西。例如：在美国生活，房租是一笔不小的开支。/我们公司和他们公司做过几笔生意。

2. 语法：

（1）复句

本课语法重点是复句。第一册和第二册以及第三册前面已经接触到一些复句，但学生用书没提出这一概念。

复句的名称是根据两个分句之间的意义关系而定的。复句的关联词语一般是固定的，成对使用的情况也比较多。可以提醒学生注意这一点。下面这几种复句是新学的。

① "既然X，就Y"：因果关系复句，X是已然的事实。例如：

既然你不感兴趣，那就算了吧。

既然来了，就不要走了，一起喝一杯吧。

你既然不舒服，就回去休息吧。

"既然X，就Y"和"因为X，所以Y"：都表示因果关系。但"既然X，就Y"的重点在"就Y"，"就Y"表示的是在事实或前提X上的推理，含有说话人的主观色彩。"因为"句的原因也可能是重点。"因为X"可以回答问题（单说），"既然"不行。

② "只有X，才（能）Y"：条件关系复句。例如：

只有学会这个国家的语言，才能很好地了解这个国家的文化。

只有加入了WTO，中国才有更多的发展机会。

"只有X，才Y"和"只要X，就Y"：前者说话人强调的是条件，表示X这个条件是必须的，甚至是唯一的。后者说话人更关心结果，而条件X在说话人看来是容易做到的。例如：

只有交3000块钱，你才能参加这个俱乐部。

只要交3000块钱，你就能参加这个俱乐部。

③ "即使/哪怕X，也Y"：让步关系复句。有两种情况。X是可能发生的，甚至是已经发生的。例如：

即使下雨我也不怕，我带着雨伞呢。

即使是夏天他也不吃冰淇淋。

X是不可能发生的，只是一种极端的假设。

即使是太阳能从西边出来，我也不相信他会做饭。

关于多重复句：例如：

虽然我们家不是很有钱，但是只要我需要，他们就会给我想办法。

中国的孩子，不论过没过十八岁，只要没结婚，没工作，都可以伸手向父母要钱。

常见复句关系及其关联词语：

因果复句：因为X，所以Y；之所以Y，是因为X

转折复句：虽然X，但是/可是/不过/却Y

条件复句：只要X，就Y；只有X，才Y；除非X，才Y；不论/不管X，都/也Y；

假设复句：如果/假如/要是X，就Y；即使X，也Y（让步假设）

递进复句：不但/不仅X，而且Y

选择复句：不是X，就是Y；是X，还是Y；或者X，或者Y

(2) 在X上/下：

这种短语的位置比较自由，可以在主语的后面，也可以在主语的前面。一般情况下，如果X的结构比较复杂或音节比较多，就出现在句子/主语的前面；如果"在X上/下"是句子的话题或谈论的背景，也要出现在句子的前面。"在X上"表示在X方面；X常常是抽象名词。"在X下"表示某种情况或条件。X一般是"名词/代词+的+动词"。例如：在老师和同学们的帮助下/在她的劝说下/在她的影响下。

3. 背景知识：

中国的大学生平时一般不打工，暑假打工的也不是很多。原因是多方面的。一是因为没有这种习惯，二是很多大学生都是独生子女，父母不愿意让孩子"受罪"。更重要的是，中国的廉价剩余劳动力比较多，工资很低，大学生除了当家庭教师，一般无工可打。

 听力练习书面材料

对话A：

女：我假期不回家了，在这儿打工。

男：没钱家里给你。打工多辛苦啊！

女：我不能总是花家里的钱。我已经是大人了。

男：什么话？在父母面前，你永远都是孩子。

问题：

1. 女的可能是什么人？

2. 男的和女的可能是什么关系？

对话B：

男：妈，给我100块钱。

女：昨天不是刚给过你吗？怎么又要？
男：今天是我的一个好朋友过生日，总得送人家一点礼物吧。
女：你这孩子，就知道乱花钱。你18岁以后花的钱，我可给你记着呢。
男：你又来了，等我大学毕业以后，赚了钱就还你，还不行吗？

问题：
1. 儿子要钱是为了给谁买礼物？
2. 妈妈不满意儿子什么？

对话C：
男：最近怎么一直见不到你？
女：除了上课，我很少到学校来。
男：在忙些什么呢？
女：给别人当家庭教师呢。一个学生明年要考初中，一个要考高中，还有一个要考大学。
男：你行吗？
女：怎么不行？我去年考大学的分数全市第一。

问题：
1. 女的给几个学生当家庭教师？
2. 女的可能是什么人？

短文：

　　中国大学生平时打工的不多，主要是因为打工挣的钱太少。就说在饭店洗碗刷盘子吧，一个从农村来的打工妹，每天工作10个小时，每个月工作30天，最后一个月下来，挣到的钱总共也只有600元人民币左右。这样的工作哪个大学生愿意做？

　　还有一个原因，中国的老板和单位没有请小时工的习惯。你想想，城市有那么多下岗的人，还有从农村来的民工，他们的时间至少是按照一个月来算的。大学生没有那么多时间。

问题：
1. 根据这段话，中国大学生很少打工有几个原因？
2. 在饭店打工的人一个小时多少钱？
3. 关于中国大学生平时不打工的原因，哪一条是这段话里没有说到的？
4. 下面哪个说法是正确的？

《练习册》练习答案

一、词语和结构

3. 选词填空：

主要　　重要

（1）主要　　（2）重要　　（3）重要/主要　　（4）主要/重要

了解　　理解

（1）理解　　（2）了解　　（3）了解　　（4）理解

4. 给括号里的词选择一个合适的位置：

（1）B　　（2）B　　（3）D　　（4）B　　（5）C

5. 把所给的词组成句子：

（1）你的事儿以后再说。

（2）万一移民局不批准怎么办？

（3）我觉得这件事并不可笑。

（4）这不仅仅是钱的问题。

（5）你应该好好利用这段时间。

6. 改说句子：

（1）你只有打电话告诉他们，他们才会给你送来。

（2）只有多说，你的口语水平才会有进步。

（3）只要认真学习，你就能学会。

（4）只要学好了英语，你就能找到一个好工作。

（5）万一护照丢了怎么办？

（6）万一他拒绝了怎么办？

7. 用下面所给的词填空：

（1）理解　　（2）不论　　（3）挣　　（4）辛苦

（5）即使　　（6）既然　　（7）仔细　　（8）想法

8. 把下面的句子翻译成中文：

（1）只要你敢去，我就敢去。

（2）客人只有感到满意了，下次才会再来。
（3）哪怕今天晚上不睡觉，我也要把作业做完。
（4）不论是大人还是小孩，坐飞机都得买票。
（5）既然不满意，你就别买。

二、听力理解
对话 A：
1. B　　2. A
对话 B：
1. B　　2. B
对话 C：
1. C　　2. A
短文：
1. B　　2. A　　3. B　　4. B

四、阅读理解
1. F　　2. F　　3. F　　4. F　　5. V

Dì-shí·èr kè　Mǎi zhī hóng méigui
第十二课　买枝红玫瑰
Leçon douze　Acheter une rose rouge

教学目标

1. 掌握本课词语。
2. 学习语法：
   语段的衔接和连贯

教学重点

1. 词语重点：
   流行　呆　好奇　似乎　接受　算不上　使　感受
2. 语法重点：
   衔接和连贯的方法

教学步骤

1. 词语教学：
   词语认读
   流行：
   　　今年流行什么颜色？
   　　发电子邮件拜年是去年最流行的拜年方式。
   　　年轻人喜欢流行歌曲，年纪大的人喜欢传统歌曲。
   呆：
   　　别老是呆在家里，到外边散散步吧。

133

我在西藏呆过一个月。

好奇：
我很好奇，就过去看了一会。
孩子的好奇心很强。

似乎：
今天林娜似乎有点儿不高兴。
她似乎知道了这件事儿。

接受：
别人送礼物给你，你应该高兴地接受。
我能理解他们的想法，但我不能接受他们的请求。

算不上：
不到长城非好汉，意思是说如果没去过长城，就算不上好汉。
这只是一点小意思，算不上什么礼物。

使：
他的话使人生气。
我们应该好好儿想想，怎么做才能使客人满意。
许仙和白娘子的爱情故事使我很感动。

感受：
来这儿一个月，我真正感受到了人口少的好处。
你这样做，有没有想过别人会有什么感受？

2. 课文教学：
听录音，理解内容。
提问：① 中国重要的传统节日有哪些？
② 以前中国人一般怎么过节？
③ 过节去旅游为什么会在中国流行？
④ 过节去旅游流行的结果是什么？
⑤ 在中国的年轻人看来，圣诞节和情人节怎么样？
⑥ 中国为什么"进口"了母亲节？
⑦ 母亲节那天，母亲们收到礼物时会怎么样？
⑧ 中国有父亲节吗？
⑨ 节日礼物有什么作用？

领读，解释难点。
学生朗读。
短文复述：中国人的节日。

3. 语法教学：

话题衔接和转换的手段：

连词：所以／就／于是／可是

时间词语：以前／现在／开始／后来

副词：当然／其实／特别／尤其（是）

固定格式：对于……来说／除了……以外／在……看来

教 学 参 考

1. 词语：

关于重点词语的补充说明：

呆：口语可以表示停留的意思。这种情况，现在常写"待(dāi)"。"呆"常用以表示因为吃惊，所以不知道说什么，做什么。例如：他当时吓呆了，不知道怎么办才好。／我喜欢一个人坐在窗户前发呆。因为不知道说什么，做什么，所以"呆"也用来指比较笨。例如：那个人有点呆头呆脑的。"书呆子"指只知道读书，没有实际工作能力或没有其他爱好的人。

似乎："似乎"和"好像"意思基本相同。"好像"更口语化，用得更多。"似乎"只能用在动词性短语前面；"好像"可以直接带名词，"好像……一样"。"似乎"没有这种用法。例如：姑娘好像花一样。／他画的老虎好像猫一样。

接受：接受的可以是东西，也可以是意见等。反义词是"拒绝"。例如：我们提的意见他都接受了。／总统接受了中国国家主席的邀请。

算不上：相反的说法是"算得上"。

使：用于兼语句。口语的说法是"让"。例如：骄傲使人落后，谦虚使人进步。方言里还有"用"的意思。例如：江山还不太会使筷子。

其他词语：

方式／方法："方式"比较抽象，"方法"比较具体。例如：握手是人们表达友谊的方式。／每个人都有自己的生活方式。／要掌握正确的学习方法。

假如：和"如果"的意思用法一样。例如：假如你年轻十岁，你就不会这样想了。／假如我是总统，我一定不会闹出那样的笑话。

聊天：离合式动词。后面不能带宾语。例如：刚才我和一个朋友在一起聊天。/昨天晚上我和几个朋友一起聊了一个多小时天。/陈静的一大爱好是上网聊天。

专利：本来是商业上的专业词语，泛化为一般词语。

贵重：贵而且重要，值得重视。也可指非常贵。例如：你送这么贵重的礼物给我，我还真有点不敢收。/贵重的东西请交给饭店保管。"贵"只指价钱。可以说"有点儿贵"，但不能说"有点儿贵重"。

失落：精神上少了或丢了什么。

某：不确定的或者不便/不愿说出的。某年/月/日，张某/某人/某些（人/事/时候国家）。"某些N"和"有些N"："某些"和"有些"都可以用在名词前面，构成名词性短语。但"有些N"一般没有具体所指。而"某些N"则是说话人故意不说（因为不便/不愿/不敢），但实际上心有所指。

2. 语法：

本课的语法"语篇的衔接和连贯"只是介绍性的。只要求学生能有个大体上的感受，不必多讲。

汉语语法研究以前一般到复句为止，关于语篇的研究最近十来年才开始起步，而且受西方篇章语言学的影响比较大。

语篇的衔接和连贯手段可以是形式上的，如学生用书中介绍的连词、时间词语、副词、介词短语等，也可以是意义上的。汉语语篇的衔接虽然有形式上的手段，但很也重"意合"，例如课文第二段：

以前，中国人过节特别喜欢吃：春节吃饺子，元宵节吃元宵，中秋节吃月饼。吃完以后，喝喝茶，聊聊天，看看电视，时间很快就过去了。开始的时候在家里吃，后来觉得太麻烦，很多人就到饭店吃。吃多了，慢慢儿就觉得没什么意思，想出去走走、看看。所以旅游就流行起来了："五一"去旅游，"十一"去旅游，就连春节也不再像以前那样呆在家里了。结果呢，火车、汽车、饭店、公园，到处人满为患。

这一段在形式上有"以前/以后/开始/后来/所以/就连"等词语；在意义上也是连贯的，即：吃（在家吃/在饭店吃）……吃多了，想出去走走……去旅游。

在某种程度上来说，意义之间的衔接和连贯更重要，但也更难。对于外国学生来说，形式是可以学习和了解的，先做到"形似"，然后才能达到"神似"。

听力练习书面材料

对话A：

男：回来啦！在杭州玩得怎么样？
女：别提了，以后绝对不要在放长假的时候去这些有名的城市旅游。
男：怎么啦？
女：东西太贵，人太多。西湖旁边全是人，就像锅里下饺子一样。

问题：
1. 女的去哪儿了？
2. 女的觉得西湖怎么样？

对话B：

女：黄金周有什么安排吗？
男：还没有决定。我太太说带上孩子去旅游，可我觉得这个时候去旅游的人肯定很多，再说，也不知道能不能买到飞机票。
女：就是。黄金周去旅游的人肯定不少。干脆咱们哪儿也别去，叫上几个老同学一起喝喝咖啡，聊聊天算了。
男：这个主意不错。

问题：
1. 下面哪一个不是男的不愿意去旅游的原因？
2. 男的和女的可能是什么关系？

对话C：

男：快到母亲节了，给你妈买点什么礼物好呢？
女：什么你妈我妈的，是咱妈。
男：好好好。是咱妈。你说吧，给咱妈买什么礼物好？
女：明天一起去商店看看再说。

问题：
1. 男的和女的可能是什么关系？
2. 他们准备买礼物给谁？

短文：

提起旅游，很多中国人的理解就是"游山玩水"。所以中国人很喜欢看山。关于山，中国有一句话，叫做"五岳归来不看山，黄山归来不看岳"。"岳"就是有名的大山。中国非常有名的大山有五座，所以叫五岳。看过五岳，就觉得一般的山没有意思了。可是最漂亮的山是黄山，看过黄山，连五岳也不想看了。关于水，最好是到海边去。如果一个地方既有山，又有水，那就是天堂了。所以中国还有一句话，就是"上有天堂，下有苏杭"。天堂是上帝住的地方，苏杭呢，就是苏州和杭州。

问题：
1. 中国人为什么喜欢看山？
2. 根据短文，中国非常有名的山有几座？
3. 看过黄山以后，为什么连五岳也不想看了？
4. "上有天堂，下有苏杭"的"苏杭"是哪两个地方？

《练习册》练习答案

一、词语和结构

3. 把反义词连接起来：
   (1) — c   (2) — f   (3) — a   (4) — b
   (5) — g   (6) — d   (7) — e

4. 选词填空：
   对于　关于
   (1) 对于   (2) 关于   (3) 关于   (4) 对于
   对于　对
   (1) 对   (2) 对于/对   (3) 对   (4) 对

5. 给括号里的词选择一个合适的位置：
   (1) B   (2) C   (3) C   (4) C   (5) B

6. 把所给的词组成句子：
   (1) 就连最好的朋友也不相信他了。
   (2) 他的话使人听了很不舒服。
   (3) 10万其实算不上大数目。
   (4) 总是吃也没什么意思。

(5) 我今天来主要是想了解一些情况。

7. 改说句子：
   (1) 学习对于学生来说是主要的任务。
   (2) 这点钱对于我来说算不上什么。
   (3) 幸福在他看来就是能和自己喜欢的人在一起。
   (4) 东方人的很多想法在西方人看来都是很奇怪的。
   (5) 节日在老板们看来只是一个赚钱的好机会。

8. 用下面所给的词填空：
   (1) 传统   (2) 好奇   (3) 浪漫   (4) 贵重
   (5) 方式   (6) 流行   (7) 五颜六色

9. 把下面的句子翻译成中文：
   (1) 对于年轻人来说，情人节是最浪漫的节日。
   (2) 在孩子们看来，世界上真的有一个圣诞老人。
   (3) 等了半天，他们也没来。于是我就一个人去了。
   (4) 送给母亲的一般都是些小礼物，比如丝巾、袜子等等。
   (5) 节日快来的时候，很多人都要去买礼物。这样一来，商店的老板们就高兴了。

二、听力理解
   对话A：
   1. B   2. C
   对话B：
   1. B   2. B
   对话C：
   1. B   2. A
   短文：
   1. C   2. C   3. A   4. C

四、阅读理解
   1. F   2. V   3. F   4. F

读写试卷（二）
（第七课～第十二课）

一、量词填空：（10%）

一_____床　　　一_____诗人　　　一_____搭档

一_____书店　　一_____连衣裙　　一_____颜色

一_____课　　　一_____玫瑰　　　一_____袜子

一_____钱

二、把反义词连接起来：（5%）

（1）一般　　　a. 最多

（2）输　　　　b. 特殊

（3）至少　　　c. 马虎

（4）接受　　　d. 赢

（5）仔细　　　e. 拒绝

三、把同义词/近义词连接起来：（5%）

（1）尤其　　　a. 觉得

（2）似乎　　　b. 了解

（3）居然　　　c. 特别

（4）认为　　　d. 好像

（5）理解　　　e. 竟然

四、给下面句子后面括号里的词选择合适的位置：（10%）

（1）A 他 B 看书 C 以外，没有什么 D 特别的爱好。（除了）

（2）A 我想问 B 张老师几个 C 中国 D 历史方面的问题。（关于）

（3）A 中国人特别是女士 B 也不 C 喜欢 D 别人问她"多大了"这样的问题。（有些）

(4) 开始的时候，A 老黄的妻子 B 不 C 知道老黄 D 下岗的事儿。（并）

(5) 钱平平 A 最近 B 在忙着 C 找工作 D。（一直）

(6) A 这么大的事情 B 老黄 C 瞒着妻子，难怪她妻子 D 很伤心。（居然）

(7) A 林娜 B 长得 C 漂亮 D，而且英语说得也很流利。（不但）

(8) A 你自己肯定想不出来，B 请 C 白小红 D 帮你取一个吧。（干脆）

(9) A 跟我们一起去 B 看比赛吧，C 你在家也 D 没事儿。（反正）

(10) 居然真的 A 是他！我 B 几乎 C 不 D 相信我的眼睛。（敢）

五、选词填空：（30%）
(1) 以前老黄很忙，没有时间 _____ 孩子的学习和生活。
  A. 关心   B. 伤心   C. 小心
(2) _____ 年轻人来说，浪漫的爱情更有意思。
  A. 对于   B. 关于   C. 于是
(3) 我跟他只是认识，_____ 好朋友。
  A. 忍不住   B. 舍不得   C. 算不上
(4) 钱平平 _____ 想去美国留学。
  A. 一直   B. 从来   C. 经常
(5) 中国人的有些想法外国人很难 _____。
  A. 了解   B. 理解   C. 道理
(6) 学生的 _____ 任务是学习，不是挣钱。
  A. 需要   B. 重要   C. 主要
(7) _____，一条狗从路边跑了出来。
  A. 虽然   B. 居然   C. 突然
(8) 这事儿跟别人没有关系，只能 _____ 你自己不小心。
  A. 难怪   B. 怪   C. 奇怪

(9) 只有在经济＿＿＿＿独立了，才能算得上真正的独立。
　　A. 上　　　　　　B. 中　　　　　　C. 下

(10) 张老师的电话号码我知道，可是现在想不＿＿＿＿了。
　　A. 下来　　　　　B. 出来　　　　　C. 起来

(11) 老黄和妻子＿＿＿＿。
　　A. 结过二十年婚　B. 结婚二十年了　C. 结了婚二十年

(12) 刚才还好好儿的，怎么突然＿＿＿＿？
　　A. 哭起来了　　　B. 哭了起来　　　C. 哭起了来

(13) ＿＿＿＿是好朋友，＿＿＿＿用不着客气。
　　A. 既然……就　　B. 只有……才　　C. 不但……而且

(14) ＿＿＿＿明天不下雨，我们＿＿＿＿去爬山。
　　A. 既然……就……　B. 只有……才……　C. 只要……就……

(15) ＿＿＿＿是一家人，钱的事情＿＿＿＿要分清楚。
　　A. 虽然……但是　B. 即使……也……　C. 只要……就……

六、用所给的词组成句子：（15%）

(1) 要是　这件事　林娜　非　知道了　不可　气疯

　　_____

(2) 很多　教室　学生　坐　里　着

　　_____

(3) 江山　汉语　除了　法语　以外　还　说　会

　　_____

(4) 张老师　十年　都　结婚　了　快

　　_____

(5) 一个　礼物　能　感受　小小的　使　母亲　到　孩子的爱

　　_____

七、法汉翻译：（15%）

(1) Même sans parler de toi, beaucoup de Chinois ne parlent pas le mandarin authentique.

(2) Il est vrai que ce travail est facile, mais il paye trop peu.

(3) Nous pourrons trouver un travail satisfaisant quand nous aurons appris de nouvelles technologies.

(4) Comment, ne reconaissez-vous même pas ma voix?

(5) Pour les Occidentaux, la Chine ancienne était un pays mystérieux.

八、阅读理解：(10%)

我算不上是高收入，一般水平，还过得去吧。不过我不想把钱存在银行里。我喜欢利用假期出去跑跑。前两年，我去了黄山、上海、杭州、千岛湖，大部分旅程是坐火车，住的几乎全是50块钱一天的小旅馆。一路玩下来，总共才花了1500多块钱。玩得很开心，一点也不觉得辛苦。

我平时工作是很认真的。不管工资多少，奖金高不高，我都努力地去做。有个朋友居然把我叫工作狂。我觉得要是真的变成了工作狂就不好了。其实我最大的希望是有一份自己喜欢的工作，还能有时间出去玩儿。我真想找一个大学图书馆的工作，可以看书，一年还有两个假期。那比现在在公司工作好多了。

有些人老是觉得太累，工资太低，挣了钱也不愿意花，说是为了以防万一。好容易放了假，除了吃饭睡觉以外，就是打牌聊天，没有什么意思。我觉得他们应该出去走走。其实生活挺有意思，挺美好的。明年春节，我打算去昆明、桂林走一趟。

根据短文内容，判断下面的说法是否正确：
(1) "我"现在在一家公司工作。　　　　　　　　　　　(　　)
(2) "我"对"我"的工资水平不太满意。　　　　　　　(　　)
(3) 对"我"来说，1500块钱是一大笔钱。　　　　　　(　　)
(4) "工作狂"是只知道努力工作，不知道休息的人。　(　　)
(5) 中国的公司很容易放假。　　　　　　　　　　　　(　　)
(6) 中国的大学一年有两个假期。　　　　　　　　　　(　　)
(7) "我"觉得生活很有意思，非常美好。　　　　　　　(　　)
(8) 明年五一节，"我"准备去昆明和桂林。　　　　　　(　　)
(9) "我"觉得在大学工作比在公司工作好。　　　　　　(　　)
(10) 有些人不去旅行是舍不得花钱。　　　　　　　　　(　　)

答 案

一、量词填空。(10%)
　　一张床　　一个/位诗人　　一对搭档　　一家/个书店　　一条连衣裙
　　一种颜色　　一门课　　一朵/支玫瑰　　一双袜子　　一笔钱

二、把反义词连接起来。(5%)
　　(1) – b　　(2) – d　　(3) – a　　(4) – e　　(5) – c

三、把同义词/近义词连接起来。(5%)
　　(1) – c　　(2) – d　　(3) – e　　(4) – a　　(5) – b

四、给下面句子后面括号里的词选择合适的位置。(10%)
　　(1) B　　(2) C　　(3) A　　(4) B　　(5) B
　　(6) C　　(7) B　　(8) B　　(9) C　　(10) D

五、选词填空。(30%)
　　(1) A　　(2) A　　(3) C　　(4) A　　(5) B
　　(6) C　　(7) C　　(8) B　　(9) A　　(10) C
　　(11) B　　(12) A　　(13) A　　(14) C　　(15) B

六、用所给的词组成句子。(15%)
　　(1) 林娜要是/要是林娜知道了这件事非气疯不可。
　　(2) 教室里坐着很多学生。
　　(3) 除了汉语/法语以外，江山还会说法语/汉语。
　　(4) 张老师结婚都快十年了。
　　(5) 一个小小的礼物能使母亲感受到孩子的爱。

七、法汉翻译。(15%)
　　(1) 别说你了，很多中国人说的普通话也不标准。
　　(2) 这个工作轻松是轻松，可是钱太少了。
　　(3) 只有学到了新技术，我们才能找到满意的工作。
　　(4) 怎么，你连我的声音都听不出来吗？
　　(5) 在西方人看来，古代中国是一个神奇的国家。

八、阅读理解。(10%)
　　(1) V　　(2) F　　(3) F　　(4) V　　(5) V
　　(6) V　　(7) V　　(8) F　　(9) V　　(10) V

听说试卷（二）
（第七课～第十二课）

一、您将听到 10 个句子，请根据听到的内容选择正确的答案。（20%）

1. A. 2 个　　　　　　　　B. 3 个　　　　　　　　C. 4 个。
2. A. 很标准。　　　　　　B. 不太标准。　　　　　C. 有东北口音。
3. A. 他觉得听话人有点儿胖。
   B. 他觉得听话人有点儿瘦。
   C. 最近天气不太好。
4. A. 8 点 20 分　　　　　　B. 8 点 30 分　　　　　C. 8 点 40 分
5. A. 林娜去图书馆看书去了。
   B. 林娜准备看关于中国的书。
   C. 林娜帮我借书去了。
6. A. 说话人觉得他们来得比较早。
   B. 说话人觉得他们来比较晚。
   C. 他们约好 11 点来。
7. A. 老王下岗了。
   B. 老王的太太下岗了。
   C. 老王和太太都下岗了。
8. A. 担心路上堵车。
   B. 担心时间来不及。
   C. 担心汽车在路上出问题。
9. A. 钱平平是林娜最好的朋友。
   B. 钱平平不是林娜的朋友。
   C. 钱平平和林娜只是普通朋友。
10. A. 今天天气很奇怪。
    B. 马克经常请客。
    C. 马克很少请客。

二、您将听到 3 段对话，请根据听到的内容选择正确的答案。（14%）
对话 A：
1. A. 打网球。
   B. 替朋友搬家。

C. 在家里打电话。

2. A. 他觉得打着玩儿没意思。
   B. 江山觉得打着玩儿没有意思。
   C. 他和江山都觉得打着玩儿没意思。

3. A. 1∶1 B. 2∶0 C. 0∶2

对话 B：

4. A. 同学。 B. 朋友。 C. 丈夫和妻子。
5. A. 看书。 B. 查词典。 C. 找东西。

对话 C：

6. A. 一直没找到工作。
   B. 不喜欢现在的工作。
   C. 不想工作。

7. A. 还没有找到工作。
   B. 已经找到了工作。
   C. 最近生病了。

三、您将听到 2 段短文，请根据听到的内容选择正确的答案。（16%）

短文 A：

1. A. 2，3，5 B. 2，6，7 C. 2，4，6，8
2. A. 发音像"死"。
   B. 发音像"是"。
   C. 发音像"西"。
3. A. 北京人。 B. 上海人。 C. 广东人。
4. A. 习惯。 B. 方言。 C. 爱好。

短文 B：

1. A. 二年级。 B. 三年级。 C. 四年级。
2. A. 当家庭教师。
   B. 在一家电脑公司打工。
   C. 办电脑培训班。
3. A. 第一个。 B. 第二个。 C. 第三个。
4. A. 他家里有四口人。

B. 从他家坐火车到北京要4个小时。

C. 他每个月要给家里寄200块钱。

四、用指定的词语回答问题。(10%)

1. 请问你对这件事有什么看法？（关于）
2. 你觉得什么是幸福？（对于我来说）
3. 你看要不要先给张先生打个电话？（还是）
4. 你觉得我穿这件衣服怎么样？（显得）
5. 从温哥华坐飞机到纽约要多长时间？（至少）

五、用所给的词语说一个句子。(10%)

1. 只要……，就……
2. 只有……，才……
3. ……是……，可是……
4. 即使……，也……
5. 关于

六、成段表达。(30%，选择其中一个)

1. 请讲一个你知道的传统（民间）故事。
2. 请谈谈你对中国大学生向父母"要"钱的看法。

听说试卷（二）
（第七课～第十二课）
（教师用卷）

一、您将听到10个句子，请根据听到的内容选择正确的答案。(20%)

1. 除了白小红，江山还有3个中国朋友。
   问：江山有几个中国朋友？　　　　　　　　　　　　　　　　　　　　(C)
   　　A. 2个。　　　　　B. 3个。　　　　　C. 4个。

2. 林娜的普通话说得真棒，我根本就没听出来她是东北人。
   问：林娜的普通话怎么样？　　　　　　　　　　　　　　　　　　　　(A)
   　　A. 很标准。　　　B. 不太标准。　　　C. 有东北口音。

3. 你还减肥呀，再减下去，一阵风就能把你刮走了。
   问：说话人是什么意思？　　　　　　　　　　　　　　　　　　　　　(B)
   　　A. 他觉得听话人有点儿胖。
   　　B. 他觉得听话人有点儿瘦。
   　　C. 最近天气不太好。

4. 我和白小红说好8点半见面，现在都过去10分钟了，她还没来。
   问：现在是什么时间？　　　　　　　　　　　　　　　　　　　　　　(C)
   　　A. 8点20分。　　B. 8点30分。　　　C. 8点40分。

5. 林娜到图书馆替我借关于中国方面的书去了。
   问：这句话告诉我们什么？　　　　　　　　　　　　　　　　　　　　(C)
   　　A. 林娜去图书馆看书去了。
   　　B. 林娜准备看关于中国的书。
   　　C. 林娜帮我借书去了。

6. 都11点了，他们才来。
   问：这句话告诉我们什么？　　　　　　　　　　　　　　　　　　　　(B)
   　　A. 说话人觉得他们来得比较早。
   　　B. 说话人觉得他们来得比较晚。
   　　C. 他们约好11点来。

7. 下岗的事儿，老王一直瞒着他太太呢。
   问：这句话告诉我们什么？　　　　　　　　　　　　　　　　　　　　(A)
   　　A. 老王下岗了。
   　　B. 老王的太太下岗了。

C. 老王和太太都下岗了。

8. 咱们还是早点走吧，万一路上堵车呢？
   问：说话人是什么意思？ （ A ）
   A. 担心路上堵车。
   B. 担心时间来不及。
   C. 担心汽车在路上出问题。

9. 钱平平算不上是林娜最好的朋友。
   问：这句话告诉我们什么？ （ C ）
   A. 钱平平是林娜最好的朋友。
   B. 钱平平不是林娜的朋友。
   C. 钱平平和林娜只是普通朋友。

10. 今天马克请客？太阳从西边出来了。
    问：这句话告诉我们什么？ （ C ）
    A. 今天天气很奇怪。
    B. 马克经常请客。
    C. 马克很少请客。

二、您将听到3段对话，请根据听到的内容选择正确的答案。(14%)

对话A：

女：昨天你去哪儿了，我给你打了好几个电话，你都不在。
男：我和江山打网球去了。
女：打着玩儿还是比赛？
男：我不想比赛，可是江山说打着玩儿没意思。
女：谁赢了？
男：我们一共打了两局。第一局我没赢，第二局他没输。
女：原来你是替孔夫子搬家去了。

1. 男的昨天干什么了？ （ A ）
   A. 打网球。
   B. 替朋友搬家。
   C. 在家里打电话。

2. 男的为什么要和江山比赛？ （ B ）
   A. 他觉得打着玩儿没意思。
   B. 江山觉得打着玩儿没有意思。

C. 他和江山都觉得打着玩儿没意思。

3. 下面哪一个是男的和江山的比赛结果？　　　　　　　　　　　　（ C ）

 A. 1 : 1　　　　　B. 2 : 0　　　　　C. 0 : 2

对话B：

 女：咱们女儿叫什么名字，你想出来了没有？

 男：我这不是在查词典吗？

 女：你都查了两个小时了！

 男：有了，叫李想怎么样？

 女：不好听。我看就叫李杨算了，我姓李，你姓杨，李杨！

4. 女的和男的可能是什么关系？　　　　　　　　　　　　（ C ）

 A. 同学。

 B. 朋友。

 C. 丈夫和妻子。

5. 男的在干什么？　　　　　　　　　　　　（ B ）

 A. 看书。

 B. 查词典。

 C. 找东西。

对话C：

 女：好久不见，最近在忙什么呢？

 男：除了找工作，还能忙什么？

 女：怎么样了？

 男：别提了，不是人家对我不满意，就是我对人家不满意。你呢？

 女：我就更别提了，咱们是同病相怜。

6. 关于男的，下面哪个说法是正确的？　　　　　　　　　　　　（ A ）

 A. 一直没找到工作。

 B. 不喜欢现在的工作。

 C. 不想工作。

7. 关于女的，下面哪个说法是正确的？　　　　　　　　　　　　（ A ）

 A. 还没有找到工作。

 B. 已经找到了工作。

 C. 最近生病了。

三、您将听到 2 段短文，请根据听到的内容选择正确的答案。（16%）

短文 A：

因为方言不同，中国人喜欢的数字也不一样。北方人没有特别的爱好，只要是双数，不管是 2、4、6、8，北方人都喜欢。因为他们希望"好事成双"。南方人就不一样了。有的人不喜欢"4"，因为"4"的发音和"死"差不多；广东人最喜欢 8，因为在广东话里，"8"的发音和挣钱发财的"发"差不多。现在北方的年轻人也开始喜欢 8，如果电话或手机的号码最后一个数字是 8，主人就会特别高兴。

1. 北方人喜欢的数字是？　　　　　　　　　　　　　　　　　　（ C ）
　A. 2、3、5
　B. 2、6、7
　C. 2、4、6、8

2. 不喜欢"4"的原因是？　　　　　　　　　　　　　　　　　　（ A ）
　A. 发音像"死"。
　B. 发音像"是"。
　C. 发音像"西"。

3. 最喜欢"8"的是？　　　　　　　　　　　　　　　　　　　　（ C ）
　A. 北京人。
　B. 上海人。
　C. 广东人。

4. 喜欢或者不喜欢一个数字跟什么有关系？　　　　　　　　　　（ B ）
　A. 习惯。　　　　　　B. 方言。　　　　　　C. 爱好。

短文 B：

张建华已经三个暑假没有回家了。其实他家离学校并不远，坐火车连 4 个小时都用不了。但那儿却是经济很不发达的农村。张建华的父母都是农民，家里还有个上中学的妹妹，每个月只能给他寄 200 块钱。这点钱在北京连生活费都不够。没办法，小张就只好自己想办法。第一个暑假，他给三个要考大学的孩子做家庭教师；第二个暑假，他给一家电脑公司当推销员；这个暑假他和几个朋友办了一个电脑培训班，赚的钱比前两个暑假都多。明年就要大学毕业了，他又要考虑找工作的事儿了。

1. 现在张建华是大学几年级学生？　　　　　　　　　　（ B ）
　　A. 二年级。
　　B. 三年级。
　　C. 四年级。

2. 第二个暑假，张建华在干什么？　　　　　　　　　　（ B ）
　　A. 当家庭教师。
　　B. 在一家电脑公司打工。
　　C. 办电脑培训班。

3. 张建华哪个假期赚的钱最多？　　　　　　　　　　　（ C ）
　　A. 第一个。
　　B. 第二个。
　　C. 第三个。

4. 关于张建华，下面哪个说法是正确的？　　　　　　　（ A ）
　　A. 他家里有四口人。
　　B. 从他家坐火车到北京要4个多小时。
　　C. 他每个月要给家里寄200块钱。

读写试卷（三）

一、量词填空：（10%）

一_____心　　一_____巧克力　　一_____桌子

一_____书店　　一_____连衣裙　　一_____颜色

一_____课　　　一_____玫瑰　　　一_____袜子

一_____毛巾

二、把反义词连接起来：（5%）

（1）偶尔　　　　a. 最多

（2）脏　　　　　b. 马虎

（3）至少　　　　c. 干净

（4）接受　　　　d. 经常

（5）仔细　　　　e. 拒绝

三、把同义词/近义词连接起来：（5%）

（1）尤其　　　　a. 总共

（2）似乎　　　　b. 竟然

（3）居然　　　　c. 特别

（4）一共　　　　d. 常常

（5）经常　　　　e. 好像

四、给下面句子后面括号里的词选择合适的位置：（10%）

（1）陈静的男朋友 A 竟然 B 红叶当做 C 生日礼物 D 送给陈静。（把）

（2）要是你 A 不说，B 我 C 把这事儿 D 给忘了。（几乎）

（3）有些东西 A 你 B 就 C 用不着，D 带它干什么？（根本）

（4）他 B 看书 C 以外，没有什么 D 特别的爱好。（除了）

(5) A 我想问 B 张老师几个 C 中国 D 历史方面的问题。（关于）

(6) 开始的时候，A 老黄的妻子 B 不 C 知道老黄 D 下岗的事儿。（并）

(7) 钱平平 A 最近 B 在忙着 C 找工作 D。（一直）

(8) A 林娜 B 长得 C 漂亮 D，而且英语说得也很流利。（不但）

(9) A 这件事 B 跟江山有关，C 不相信你 D 可以去问他。（的确）

(10) 谁 A 也没想到孩子 B 最后 C 抓起来的 D 是一支口红。（竟然）

五、选词填空：（30%）

(1) 今天我 _____ 打算去爬山，没想到下雨了。
　　A. 看来　　　　B. 本来　　　　C. 从来

(2) 他们说得太快了，我 _____ 上没听懂。
　　A. 根本　　　　B. 基本　　　　C. 几乎

(3) 我刚回家，马力打电话请我一起去打篮球，_____ 我就去了。
　　A. 于是　　　　B. 要是　　　　C. 以后

(4) 我们两个人吃不 _____ 这么多菜。
　　A. 着　　　　　B. 了　　　　　C. 过

(5) 以前老黄很忙，没有时间　　 孩子的学习和生活。
　　A. 关心　　　　B. 伤心　　　　C. 小心

(6) _____ 年轻人来说，浪漫的爱情更有意思。
　　A. 于是　　　　B. 关于　　　　C. 对于

(7) 中国人的有些想法外国人很难 _____。
　　A. 了解　　　　B. 理解　　　　C. 道理

(8) _____，一条狗从路边跑了出来。
　　A. 虽然　　　　B. 居然　　　　C. 忽然

(9) 只有在经济 _____ 独立了，才能算得上真正的独立。
　　A. 上　　　　　B. 中　　　　　C. 下

(10) 张老师的电话号码我知道，可是现在想不 _____ 了。
　　A. 出来　　　　B. 起来　　　　C. 下来

(11) 老黄和妻子 _____。
   A. 结婚二十年了
   B. 结婚了二十年
   C. 结了婚二十年

(12) 刚才我去附近的超市 _____。
   A. 看看了   B. 看了看   C. 看一看了

(13) 香山红叶很像一颗心，_____。
   A. 越看陈静越喜欢
   B. 陈静越看越喜欢
   C. 越喜欢陈静越看

(14) _____ 明天不下雨，我们 _____ 去爬山。
   A. 既然……就……
   B. 只有……才……
   C. 只要……就……

(15) _____ 是好朋友，钱的事情 _____ 要分清楚。
   A. 只要……就……
   B. 虽然……但是……
   C. 即使……也……

六、用所给的词组成句子：（15%）

(1) 他　把　我　当做　不　朋友　从来
   _____

(2) 你　不　喜欢　不是　看　篮球　比赛　吗
   _____

(3) 江山　他的护照　不　找　着　了
   _____

(4) 江山　汉语　除了　法语　以外　还　说　会
   _____

(5) 张老师　十年　都　结婚　了　快
   _____

七、法汉翻译：(15%)

（1）J'ai perdu sans faire attention le stylo que Chen Jing m'avait prêté.

（2）Est-ce possible que vous ne sachiez même pas qui est le Président américain?

（3）Vous devriez lui passer un coup de fil au cas où il y aurait des problèmes.

（4）Il est vrai que ce travail est facile, mais il paye trop peu.

（5）Nous pourrons trouver un travail satisfaisant quand nous aurons appris de nouvelles technologies.

八、阅读理解：(10%)

　　著名农业专家袁隆平有三大爱好：第一是骑摩托车，第二是拉小提琴，第三是打牌。他自己说，虽然今年都68了，但身体不错，所以现在还骑摩托车。其实这样做主要是为了工作方便。袁隆平是搞农业的，每天都要到试验田去，上午一次，下午一次。这是他的职业习惯。从他家到试验田来回一次大概有8公里，走路很不方便。

　　关于为什么拉小提琴，袁隆平开玩笑说，音乐又不是谁的专利，难道只有音乐家才能拉小提琴吗？他是喜欢音乐的，不管是中国的还是外国的古典音乐，他都很喜欢。开始时他拉得还不错，后来肩膀有病，就不拉了。

　　说起打牌，袁隆平笑了起来。他说他认为那是休息。一个人不能从早到晚一直想着工作，那样的话头脑太紧张了。工作忙完了以后，应该轻松轻松。他觉得打牌既是比赛又是玩，而且跟人的身份、地位什么的没有关系，别人输了钻桌子，他输了当然也得钻。

1. 根据短文内容，选择正确的答案：(6%)
　　（1）袁隆平骑摩托车是 _____ 。
　　　　A. 因为他年纪大了，走不动路了。
　　　　B. 他喜欢骑摩托车时的感觉。
　　　　C. 为了工作方便。
　　　　D. 职业习惯。

(2) 关于拉小提琴，袁隆平＿＿＿＿＿＿。
   A. 认为那是音乐家的专利。
   B. 只喜欢中国的古典音乐。
   C. 开始的时候肩膀有病，所以拉得不太好。
   D. 现在已经不拉了。

(3) 袁隆平认为＿＿＿＿＿＿。
   A. 打牌只是一种休息方式。
   B. 工作完了，没别的事做，所以就打牌。
   C. 打牌很有意思，输了的人必须钻桌子。
   D. 不打牌的话，头脑太紧张。

2. 根据短文内容，判断下面的说法是否正确：(4%)
   (1) 袁隆平是一个68岁的农民。   （ ）
   (2) 袁隆平每天都要去一次试验田。   （ ）
   (3) 袁隆平真正的爱好是拉小提琴。   （ ）
   (4) 袁隆平打牌输了钻桌子，是因为他觉得自己是一个普通人。（ ）

答 案

一、量词填空。(10%)
一颗心　　一块/盒/颗巧克力　　一张桌子　　一个/家书店　　一条连衣裙
一种颜色　一门课　　　一枝/朵玫瑰　　　一双袜子　　　一条毛巾

二、把反义词连接起来。(5%)
(1) – d　　(2) – c　　(3) – a　　(4) – e　　(5) – b

三、把同义词连接起来。(5%)
(1) – c　　(2) – e　　(3) – b　　(4) – a　　(5) – d

四、给下面句子后面括号里的词选择合适的位置。(10%)
(1) B　　(2) C　　(3) B　　(4) B　　(5) C
(6) B　　(7) B　　(8) B　　(9) B　　(10) D

五、选词填空。(30%)
(1) B　　(2) B　　(3) A　　(4) B　　(5) A
(6) C　　(7) B　　(8) C　　(9) A　　(10) B
(11) A　　(12) B　　(13) B　　(14) C　　(15) C

六、用所给的词组成句子。(15%)
(1) 他/我从来不把我/他当做朋友。
(2) 你不是不喜欢看篮球比赛吗?
(3) 江山找不着他的护照了。
(4) 除了汉语/法语以外，还会说法语/汉语。
(5) 张老师结婚都快十年了。

七、法汉翻译。(15%)
(1) 不小心把陈静借给我的笔弄丢了。
(2) 难道你连美国总统是谁也不知道吗?
(3) 你还是给她打个电话吧，万一有什么事情呢。
(4) 这个工作轻松是轻松，可是钱太少了。
(5) 只有学到了新技术，我们才能找到满意的工作。

八、阅读理解。(10%)
1.(1) C　　(2) D　　(3) A
2.(1) F　　(2) F　　(3) V　　(4) F

听说试卷（三）

一、您将听到10个句子，请根据听到的内容选择正确的答案。(20%)

1. A. 他想问听话人知道不知道这件事。
   B. 他问听话人为什么不知道这件事。
   C. 他觉得听话人应该知道这件事。

2. A. 1次。
   B. 6次。
   C. 7次。

3. A. 担心路上堵车。
   B. 担心时间来不及。
   C. 担心汽车在路上出问题。

4. A. 这个地方的气候很特殊。
   B. 他已经习惯了这个地方的气候。
   C. 这个地方的气候让他觉得不舒服。

5. A. 我没有办法不让他去。
   B. 我在想办法不让他去。
   C. 他去不去跟我没有关系。

6. A. 他写的不是张老师家的地址。
   B. 张老师把地址写错了。
   C. 他忘了写地址。

7. A. 白小红去图书馆看书去了。
   B. 白小红准备看关于中国的书。
   C. 白小红帮我借书去了。

8. A. 很活泼，不过不太聪明。
   B. 很聪明，不过不活泼。
   C. 又活泼又聪明。

9. A. 这个问题很难。
   B. 这个问题很容易。
   C. 张老师不回答这个问题。

10. A. 林娜哭了。
    B. 林娜的男朋友哭了。
    C. 林娜和男朋友都哭了。

二、您将听到3段对话，请根据听到的内容选择正确的答案。（14%）

对话A：

1. A. 他想去加拿大留学。
   B. 女的认识很多外国人。
   C. 女的认识很多加拿大人。
2. A. 因为女的帮过他一个忙。
   B. 因为女的愿意帮他的忙。
   C. 因为女的给他打电话。
3. A. 男的觉得自己的口语不太好。
   B. 男的想找一个加拿大朋友。
   C. 女的要给男的打几天电话。

对话B：

4. A. 七点半。   B. 八点。   C. 八点半。
5. A. 学校门口。   B. 公司门口。   C. 电影院口。

对话C：

6. A. 他不喜欢和太太、孩子一起去。
   B. 他觉得飞机票太贵。
   C. 他觉得假期去旅游的人太多。
7. A. 丈夫和妻子。
   B. 以前的同学。
   C. 同事。

三、您将听到2段短文，请根据听到的内容选择正确的答案。（16%）

短文A：

1. A. 很多人身体不舒服，头疼。
   B. 都想找一个好工作。
   C. 想自己当老板。
2. A. 都要面试。
   B. 什么工作都很难找。
   C. 竞争的人很多。
3. A. 面试的人不正常。
   B. 面试的人经常问一些跟工作没有关系的问题。

C. 面试的人有点让人受不了。
4. 下面哪一个可能不是面试的问题？
   A. 有没有男朋友。
   B. 有没有女朋友。
   C. 有没有结婚。

短文 B：

1. A. 4 个。　　　　　B. 10 个。　　　　　C. 14 个。
2. A. 因为杭州离上海很近。
   B. 因为杭州像花园一样。
   C. 因为杭州菜很好吃。
3. A. 东坡肉。　　　　B. 西湖醋鱼。　　　C. 雷峰塔。
4. A. 有些中国人不喜欢杭州。
   B. 杭州是浙江省的一个城市。
   C. 杭州就像天堂一样美丽。

四、用指定的词语回答问题。(10%)
   1. 你不是说去看京剧吗？怎么又不去啦？（本来）
   2. 你看这件事应该怎么办？（再说）
   3. 已经9点半了，他们怎么还没来？（也许）
   4. 晚上咱们一起去看电影吧？（实在）
   5. 明天咱们一起去看划船比赛吧。（反正）

五、用所给的词语说一个句子。(10%)
   1. 忍不住
   2. 万一
   3. 为了
   4. 既然……，就……
   5. 别说……，就是……，也……

六、成段表达。(30%，选择一个)
   1. 请谈谈你在学汉语方面的感受。
   2. 你觉得找工作应该注意哪些问题？在这方面，男人和女人的情况一样吗？

听说试卷（三）

（教师用卷）

一、您将听到 10 个句子，请根据听到的内容选择正确的答案。（20%）

1. 难道你也不知道这件事吗？

   问：说话人是什么意思？ （ C ）

   A. 他想问听话人知道不知道这件事。
   B. 他问听话人为什么不知道这件事。
   C. 他觉得听话人应该知道这件事。

2. 除了星期四，我每天都要去游一次泳。

   问：说话人每个星期游几次泳？ （ B ）

   A. 1 次。　　　　B. 6 次。　　　　C. 7 次。

3. 咱们还是早点走吧，万一路上堵车呢？

   问：说话人是什么意思？ （ A ）

   A. 担心路上堵车。
   B. 担心时间来不及。
   C. 担心汽车在路上出问题。

4. 这地方的气候真让人受不了。

   问：说话人是什么意思？ （ C ）

   A. 这个地方的气候很特殊。
   B. 他已经习惯了这个地方的气候。
   C. 这个地方的气候让他觉得不舒服。

5. 他一定要去，我有什么办法？

   问：这句话是什么意思？ （ A ）

   A. 我没有办法不让他去。
   B. 我在想办法不让他去。
   C. 他去不去跟我没有关系。

6. 我把张老师家的地址写错了。

   问：这句话告诉我们什么？ （ A ）

   A. 他写的不是张老师家的地址。
   B. 张老师把地址写错了。
   C. 他忘了写地址。

7. 白小红到图书馆替我借关于中国方面的书去了。
   问：这句话告诉我们什么？ （ C ）
   　　A. 白小红去图书馆看书去了。
   　　B. 白小红准备看关于中国的书。
   　　C. 白小红帮我借书去了。

8. 陈静的侄儿很活泼，而且很聪明。
   问：陈静的侄儿怎么样？ （ C ）
   　　A. 很活泼，不过不太聪明。
   　　B. 很聪明，不过不活泼。
   　　C. 又活泼又聪明。

9. 这个问题连张老师都不知道怎么回答。
   问：这句话告诉我们什么？ （ A ）
   　　A. 这个问题很难。
   　　B. 这个问题很容易。
   　　C. 张老师不回答这个问题。

10. 林娜被男朋友给气哭了。
    问：这句话告诉我们什么？ （ A ）
    　　A. 林娜哭了。
    　　B. 林娜的男朋友哭了。
    　　C. 林娜和男朋友都哭了。

二、您将听到3段对话，请根据听到的内容选择正确的答案。(14%)

对话A：
　　男：小王，有件事情想麻烦你一下。
　　女：要我帮你什么忙？
　　男：是这样的，我正在申请去加拿大留学，办得差不多了。我想找一个美国人或者加拿大人练习口语。你认识的老外多，能帮我介绍一个吗？
　　女：没问题，过几天我给你打电话。
　　男：那我先谢谢你了。

1. 男的为什么要请女的帮忙？ （ B ）
   　A. 他想去加拿大留学。
   　B. 女的认识很多外国人。
   　C. 女的认识很多加拿大人。

2. 男的为什么要谢女的？　　　　　　　　　　　　　　　　（B）
   A. 因为女的帮过他一个忙。
   B. 因为女的愿意帮他的忙。
   C. 因为女的给他打电话。

3. 下面哪个说法是正确的？　　　　　　　　　　　　　　　（A）
   A. 男的觉得自己的口语不太好。
   B. 男的想找一个加拿大朋友。
   C. 女的要给男的打几天电话。

对话B：

女：我得走了。
男：怎么，有约会吗？
女：我跟小王说好了，八点钟在学校门口见面。
男：急什么，还有半个小时呢。

4. 现在几点？　　　　　　　　　　　　　　　　　　　　　（A）
   A. 七点半。　　　　B. 八点。　　　　C. 八点半。

5. 女的要去哪儿？　　　　　　　　　　　　　　　　　　　（A）
   A. 学校门口。　　　B. 公司门口。　　C. 电影院口。

对话C：

女：黄金周有什么安排吗？
男：还没有决定。我太太说带上孩子去旅游，可我觉得这个时候去旅游的人肯定很多，再说，也不知道能不能买到飞机票。
女：就是。黄金周去旅游的人肯定不少。干脆咱们哪儿也别去，叫上几个老同学一起喝喝咖啡，聊聊天算了。
男：这个主意不错。

6. 男的为什么不想去旅游？　　　　　　　　　　　　　　　（C）
   A. 他不喜欢和太太、孩子一起去。
   B. 他觉得飞机票太贵。
   C. 他觉得假期去旅游的人太多。

7. 关于男的和女的，下面哪个说法是正确的？　　　　　　　（B）
   A. 丈夫和妻子。
   B. 以前的同学。
   C. 同事。

三、您将听到2段短文，请根据听到的内容选择正确的答案。(16%)

短文A：

很多大学四年级的学生都为找工作的事情头疼。辛辛苦苦读了四年，谁不想找一个好工作？可是现在的毕业生，要找到一个好工作也确实不容易。所以很多人刚上四年级就开始找工作。

现在的用人单位都要面试。这本来很正常。可是让人受不了的是，面试的人常常问一些和工作没有关系的问题，比如说你有没有男朋友或者女朋友，最近准备不准备结婚等等。没办法，你还不能不回答。有时候想想，还是自己当老板好。

1. 关于大学四年级的学生，下面哪个说法是正确的？　　　　　　　　(B)
   A. 很多人身体不舒服，头疼。
   B. 都想找一个好工作。
   C. 想自己当老板。

2. 关于找工作，下面哪个说法是不正确的？　　　　　　　　　　　　(B)
   A. 都要面试。
   B. 什么工作都很难找。
   C. 竞争的人很多。

3. 关于面试，下面哪个说法是正确的？　　　　　　　　　　　　　　(B)
   A. 面试的人不正常。
   B. 面试的人经常问一些跟工作没有关系的问题。
   C. 面试的人有点让人受不了。

4. 下面哪一个可能不是面试的问题？　　　　　　　　　　　　　　　(C)
   A. 有没有男朋友。
   B. 有没有女朋友。
   C. 有没有结婚。

短文B：

中国有一句俗话，叫"上有天堂，下有苏杭"。这"杭"说的就是杭州。杭州最著名的地方是西湖。西湖周围有十个漂亮的地方，叫"西湖十景"。其中的雷峰塔还跟一个美丽的爱情故事有关呢。

杭州属于浙江省，离上海很近，坐火车两个多小时就到了。很多上海人特别喜欢杭州，甚至把杭州当做上海的后花园。其实不仅是上海人，全中国人没有不喜欢杭州的。对了，杭州的姑娘也很漂亮，杭州菜也很好吃。"西湖醋鱼"和"东坡肉"都很有名。

1. 西湖附近有几个有名的景点？　　　　　　　　　　　　　（ B ）
   A. 4个。　　　　　　B. 10个。　　　　　　C. 14个。
2. 上海人为什么特别喜欢杭州？　　　　　　　　　　　　（ B ）
   A. 因为杭州离上海很近。
   B. 因为杭州像花园一样。
   C. 因为杭州菜很好吃。
3. 下面哪一个跟一个爱情故事有关？　　　　　　　　　　（ C ）
   A. 东坡肉。
   B. 西湖醋鱼。
   C. 雷峰塔。
4. 关于杭州，下面哪个说法是不正确的？　　　　　　　　（ A ）
   A. 有些中国人不喜欢杭州。
   B. 杭州是浙江省的一个城市。
   C. 杭州像天堂一样美丽。

附 录

第一课教案（甲）
（按4课时设计）

教学目标

1. 掌握本课词语
2. 学习语法：
   a. "把"字句（2）
   b. "是……的"句（2）

教学重点

1. 词语重点：
   当（当做）　弄　美　难怪　一共
   从来　唯一　像　感动　笑话　舍不得　花
2. 语法重点：
   a. "把"字句（2）
   b. "是……的"句（2）

教学时间

4课时

教学步骤

第一课时

1. 词语教学（教学时间20分钟左右）
   生词1—13
   （1）教师把风景照片夹在书里，打开给学生看，用英文告诉学生自己为什么这样。板书：

当：（做）/把 X 当 YV

把照片当（做）书签用

她不把我当朋友看。

(2) 教师假装不小心，把一学生的书/词典等弄掉，然后说"对不起，把你的词典弄掉了"。见学生不明白，板书：弄。

（别）把电话号码弄错了。

把钱包弄丢了。

把衣服弄脏了。

把电脑弄坏了。

(3) 教师拿出一张风景照片，问学生：你觉得这个地方美不美？板书：美。

这个地方真美/太美了/美极了。

(4) 教师用刚才的照片提问：知道这是什么地方吗？（学生说不知道）告诉学生：这是中国（或别的国家）有名的地方。看学生恍然大悟的样子，板书：难怪。

这是中国有名的地方，难怪这么漂亮。

问答对话：

(她在中国学过一年了)，难怪她汉语说得这么好。

(5) 教师问学生班里有多少男学生，多少女学生，得到回答后提问：我们班一共有多少学生？板书：一共。

我们班一共有 18 个学生。

那个地方我一共去过 3 次。

问答：我们班一共有多少美国人/多少加拿大人/多少日本人？

请学生打开课本，领读第一课生词 1-13。逐一简单解释。再请学生朗读一遍。

2. **对话教学**（教学时间：20 分钟左右）

听第 1 课对话部分录音（要求学生不看课本），听完第一遍后提问：

(1) 陈静为什么把香山红叶放在书里？

(2) 陈静把加拿大的枫叶叫什么？

(3) 加拿大的枫叶什么时候最漂亮？

(4) 杰克为什么很喜欢枫叶？

(5) 为什么有人把加拿大叫"枫叶之国"？

(6) 陈静为什么不马上把笔借给杰克？

(7) 杰克知道加拿大国旗上的枫叶一共有几个角吗？

(8) 你知道吗？

提问可以先把问题提出来，请学生回答。因为只听了一遍，可能有的问题没有人能够回答，教师不必给出答案，可以把没有回答出来的问题写在黑板上。

再听一遍录音，请学生注意没回答出来的问题。

再提问，解决留下来的问题。

领读对话，解释下面几句话：

"没有不喜欢枫叶的加拿大人"。

难怪人们常常把你们加拿大叫做"枫叶之国"。

你回答对了，我就把笔借给你。

这个问题可真把我问住了。

问学生还有没有不明白的问题。

学生分角色朗读对话。

3. 重点词语用法和语法提示（教学时间：5分钟左右）

词语：难怪：使用的语境。

语法："把"字句和"是……的"句。（只是指出现象，暂时不展开。）

板书：别把它弄脏了。

（指出这是一个"把"字句，后面的动词带结果补语，这是"把"字句的一种常见的格式。）

加拿大的枫叶（也）是非常漂亮的。

（在"是"、"的"下加着重号，指出"是……的"是一个表示强调的格式。）

4. 布置预习

第二课时

1. 复习与导入（教学时间：10分钟左右）

听写词语：当　弄　美　觉得　难怪　到处　回答

听写句子：小心点儿，别把它弄破了。

　　　　　加拿大的枫叶是非常有名的。

　　　　　难怪人们常常把加拿大叫做"枫叶之国"。

朗读生词1—13。

分角色朗读对话。

2. 词语认读（教学时间20分钟左右）

生词 14-34

(1) 教师故意问一个可能没去过中国的学生：你去过中国吗？从来没去过吗？见学生不明白，板书：从来。

他从来没去过中国。

教师提问，要求学生用"从来没/不"回答。

(2) 教师有目的地问学生，我们班有几个日本/韩国（女）同学，学生回答只有一个。教师说，XX是我们班唯一的韩国学生。板书：唯一。

XX是我们班唯一的韩国学生。

(3) 教师故意问一学生，你是XX人吗？，得到回答后说，我觉得你不像XX人，你像XX人。板书：像：A（不）像B。

我觉得她不像日本人。

(4) 教师介绍一个自己当老师时遇到的事儿：一个同学身体不好坚持上课。板书：感动。

这个电影把很多人都感动了。

很多人被这个电影感动得流下了眼泪。

他的话感动了很多人。

(5) 教师故意通过说话或动作引学生发笑，然后板书：笑话。

我说/做得不好，你们别笑话我。

我讲一个笑话给你听吧。

(6) 教师故意对一学生说：这支笔很好看，送给我吧？见学生犹豫，马上说：舍不得吧？然后板书：舍不得。

这是他最喜欢的XX，所以他舍不得送给我。

他有点儿舍不得花钱。

(7) 教师问学生：这本词典多少钱？在哪儿买的？得到回答后板书：花。

这本词典是他花200多元钱从中国买的。

钱都被我花完了。

我把钱都花完了。

让学生打开课本，领读生词14-35，逐一简单讲解。学生朗读。

3. 短文理解（教学时间：20分钟左右）

听一遍第一课短文部分的录音（要求学生不看课本），提问：

(1) 陈静的生日是什么时候？

(2) 陈静的男朋友送给她的生日礼物是什么？

(3) 陈静和男朋友认识多长时间了？

(4) 陈静男朋友送给她的红叶是从哪儿弄来的？
(5) 陈静收下红叶的时候，为什么特别感动？
(6) 有人为什么笑话陈静？
(7) 你觉得陈静的男朋友小气吗？
(8) 你觉得爱情能不能/应该不应该用钱表达？
板书学生不能回答的问题。
再听一遍，解决第一遍没有回答出来的问题。
领读短文，解释以下句子：
把红叶当做生日礼物送给女朋友，我以前从来没听说过。（宾语太长，所以前置）
男朋友捧着自己摘来的红叶，就像捧着自己的心。
她感动得差点儿流下了眼泪。
香山红叶红红的，圆圆的，看上去还真有点儿像一颗心。
询问学生有没有问题。
学生朗读短文。

第三课时

1. **复习导入**（教学时间：10分钟左右）

   听写词语：从来　唯一　舍不得　花　重要

   听写句子：她感动得差点儿流下了眼泪。
   　　　　　有人笑话陈静的男朋友太小气。
   　　　　　陈静觉得爱情是不能用钱来表达的。

   学生朗读生词14—34。
   学生朗读短文。

2. **短文教学**（教学时间：15分钟左右）

   复述：陈静和她的男朋友。
   要求学生尽量不看课文。
   先让全班学生共同复述，一人一句。
   再指定几个学生单独复述。

3. **语法小结**（教学时间：15分钟左右）

   (1) "把"字句

   　　板书：X 把 Y V C 了

   　　　　　X：人/有能力、力量的事物。

C：动作的结果（一般是形容词）或趋向（趋向动词）。
　　你把我的衣服弄脏了。
　　我把护照弄丢了。
　　你把那本书给我拿过来。
　　你把地址写下来。
　　这个问题把我问住了。
　　她的话把我气坏了。

（2）"是……的"句
　　板书：S是P的。P：动词短语和形容词短语。
　　　中国的长城是非常有名的。
　　　东京的东西是非常贵的。
　　　这样做是不行的。
　　　这样说是可以的。
　　　我是不会把这件事告诉她的。
　　　不认真学习是学不好汉语的。
　　　我觉得这个问题不是不可以解决的。

4. 口语练习（教学时间：10分钟左右）

　　互相问答：你们国家/城市的国花/市花是什么？
　　分组讨论：你觉得爱情能用钱来表达吗？

5. 安排预习

　　练习B

第四课时

1. 复习导入（5分钟左右）

　　词语小结
　　语法小结

2. 做练习

　　课堂练习：
　　练习B：第3、4、5、7题。
　　练习C：对话
　　课后练习：
　　练习C：第3题阅读理解；第4题写作。

3. 安排预习（第二课）

第一课教案（乙）
（按6课时设计）

教学目标

1. 掌握本课词语
2. 学习语法：
   a."把"字句（2）
   b."是……的"句（2）

教学重点

1. 词语重点：
   当（当做）　弄　美　难怪　一共
   从来　唯一　像　感动　笑话　舍不得　花
2. 语法重点：
   a."把"字句（2）
   b."是……的"句（2）

教学时间

6课时

教学步骤

第一课时

1. 词语教学（教学时间20分钟左右）
   生词1—13
   （1）教师把风景照片夹在书里，打开给学生看，用英文告诉学生自己为什么这样。板书：当:(做) / 把 X 当 Y V。

把照片当（做）书签用。
她不把我当朋友看。

(2) 教师假装不小心，把一个学生的书/词典等弄掉，然后说"对不起，把你的词典弄掉了"。见学生不明白，板书：弄。

（别）把电话号码弄错了。
把钱包弄丢了。
把衣服弄脏了。
把电脑弄坏了。

(3) 教师拿出一张风景照片，问学生：你觉得这个地方美不美？板书：美。

这个地方真美/太美了/美极了。

(4) 教师用刚才的照片提问：知道这是什么地方吗？（学生说不知道）告诉学生：这是中国（或别的国家）有名的地方。看学生恍然大悟的样子，板书：难怪。

这是中国有名的地方，难怪这么漂亮。
问答对话：
（她在中国学过一年了），难怪她汉语说得这么好。

(5) 教师问学生班里有多少男学生，多少女学生，得到回答后提问：我们班一共有多少学生？板书：一共。

我们班一共有18个学生。
那个地方我一共去过3次。
问答：我们班一共有多少美国人/多少加拿大人/多少日本人？

请学生打开课本，领读第一课生词1-13。逐一简单解释。再请学生朗读一遍。

2. **对话教学**（教学时间：20分钟左右）

听第一课对话部分录音（要求学生不看课本），听完第一遍后提问：

(1) 陈静为什么把香山红叶放在书里？
(2) 陈静把加拿大的枫叶叫什么？
(3) 加拿大的枫叶什么时候最漂亮？
(4) 杰克为什么很喜欢枫叶？
(5) 为什么有人把加拿大叫"枫叶之国"？
(6) 陈静为什么不马上把笔借给杰克？
(7) 杰克知道加拿大国旗上的枫叶一共有几个角吗？
(8) 你知道吗？

提问可以先把问题提出来，请学生回答。因为只听了一遍，可能有的问题没有人能够回答，教师不必给出答案，可以把没有回答出来的问题写在黑板上。

再听一遍录音，请学生注意没回答出来的问题。

再提问，解决留下来的问题。

领读对话，解释下面几句话：

"没有不喜欢枫叶的加拿大人"。

难怪人们常常把你们加拿大叫做"枫叶之国"。

你回答对了，我就把笔借给你。

这个问题可真把我问住了。

问学生还有没有不明白的问题。

学生分角色朗读对话。

第二课时

1. 复习与导入（教学时间：10分钟左右）

   听写词语：当 弄 美 觉得 难怪 到处 回答

   听写句子：小心点儿，别把它弄破了。

   　　　　　加拿大的枫叶是非常有名的。

   　　　　　难怪人们常常把加拿大叫做"枫叶之国"。

   朗读生词1–13。

   朗读对话。

2. 口语练习（10分钟左右）

   互相问答：关于国旗／国花／市花。

   选择学生发言。

3. 教师提示（6分钟左右）

   词语：难怪：使用的语境。

   语法："把"字句和"是……的"句。（只是指出现象，暂时不展开。）

   板书：别把它弄脏了。

   　　　（指出这是一个"把"字句，后面的动词带结果补语，这是"把"字句的一中常见的格式。

   　　　加拿大的枫叶（也）是非常漂亮的。

   　　　（在"是"、"的"下加着重号，指出"是……的"是一个表示强调的格式。）

4. 词语认读（教学时间24分钟左右）

生词 14—35

(1) 教师故意问一个可能没去过中国的学生：你去过中国吗？从来没去过吗？见学生不明白，板书：从来。

他从来没去过中国。

教师提问，要求学生用"从来没/不"回答。

(2) 教师有目的地问学生，我们班有几个日本/韩国（女）同学，学生回答只有一个。教师说，XX是我们班唯一的韩国学生。板书：唯一。

XX是我们班唯一的韩国学生。

唯一的朋友　　唯一的礼物

(3) 教师故意问一学生：你是XX人吗？得到回答后说，我觉得你不像XX人，你像XX人。板书：像：A（不）像B。

我觉得她不像日本人。

(4) 教师介绍一个自己当老师时遇到的事儿：一个同学身体不好坚持上课。板书：感动。

我被她感动了。

这个电影把很多人都感动了。

他的话感动了很多人。

(5) 教师故意通过说话或动作引学生发笑，然后板书：笑话。

我说得不好，你们别笑话我。

你那样做会让人笑话的。

笑话！我怎么可能这么做呢。

我讲一个笑话给你听吧。

(6) 教师故意对一学生说：这支笔很好看，送给我吧？见学生犹豫，马上说：舍不得吧？然后板书：舍不得。

这是他最喜欢的XX，所以他舍不得送给我。

他有点儿舍不得花钱。

(7) 教师问学生：这本词典多少钱？在哪儿买的？得到回答后板书：花。

这件衣服是我花200多元钱从中国买的。

钱都被我花完了。

我把钱都花完了。

让学生打开课本，领读生词14—35，逐一简单讲解。学生朗读。

第三课时

1. **复习导入**（10分钟左右）

   听写生词：像　感动　舍不得　爱惜　生怕

   听写句子：我从来不喝酒。

   　　　　　你回答对了，我就把笔借给你。

   　　　　　这片红叶是不能送给你的。

   朗读对话。

   朗读生词14—35。

2. **短文理解**（教学时间：25分钟左右）

   听一遍第一课短文部分的录音，提问：

   （1）陈静的生日是什么时候？

   （2）陈静的男朋友送给她的生日礼物是什么？

   （3）陈静和男朋友认识多长时间了？

   （4）陈静男朋友送给她的红叶是从哪儿弄来的？

   （5）陈静收下红叶的时候，为什么特别感动？

   （6）有人为什么笑话陈静？

   （7）你觉得陈静的男朋友小气吗？

   （8）你觉得爱情能不能/应该不应该用钱表达？

   板书学生不能回答的问题。

   再听一遍，解决第一遍没有回答出来的问题。

   领读短文，解释以下句子：

   把红叶当做生日礼物送给女朋友，我以前从来没听说过。（宾语太长，所以前置）

   男朋友捧着自己摘来的红叶，就像捧着自己的心。（"像"的用法）

   她感动得差点儿流下了眼泪。（"差点儿"的意思）

   有人笑话陈静，说她找的男朋友太小气了。（"说"的用法）

   香山红叶红红的，圆圆的，看上去还真有点儿像一颗心。（"看上去"的意思）

   问学生有无问题。

   学生朗读短文。

3. **短文复述**：陈静和她的男朋友（10分钟左右）

   先让学生共同复述。

   个别学生单独复述。

4. 教学提示（5分钟左右）

　　词语：从来　唯一　像　舍不得

　　语法：把红叶当做生日礼物送给女朋友。

　　　　　生怕把它弄丢了。

　　　　　她觉得爱情是不能用钱来表达的。

第四课时

1. 复习导入（教学时间：10分钟左右）

　　听写词语：著名　觉得　收　笑话　小气　爱情　爱惜

　　听写句子：加拿大人觉得枫叶比花更美。

　　　　　　　我是不会把这件事告诉她的。

　　　　　　　不认真学习是学不好汉语的。

　　　　　　　请你把地址写下来。

　　　　　　　难怪陈静那么爱惜，生怕把它弄丢了。

　学生朗读生词14—35。

　学生朗读短文。

2. 语法小结（教学时间：15分钟左右）

　　(1)"把"字句

　　　　板书：X把YVC了。

　　　　　　X：人/有能力、力量的事物。

　　　　　　C：动作的结果（一般是形容词）或趋向（趋向动词）。

　　　　　　你把我的衣服弄脏了。

　　　　　　我把护照弄丢了。

　　　　　　对不起，我把地址写错了。

　　　　　　她的话把我气坏了。

　　　　　　你把那本书给我拿过来。

　　　　　　你把地址写下来。

　　(2)"是……的"句

　　　　板书：S是VP的。

　　　　　　中国的长城是非常有名的。

　　　　　　东京的东西是非常贵的。

　　　　　　这样做是不行的。

　　　　　　这样说是可以的。

我是不会把这件事告诉她的。

不认真学习是学不好汉语的。

我觉得这个问题不是不可以解决的。

3. 口语讨论（20分钟）

分组讨论：

爱情可以用钱来表达吗？

你喜欢小气的人吗？

小组代表发言。

4. 布置练习（5分钟左右）

让学生准备练习B。

第五课时

1. 复习导入：（5分钟左右）

重点词语

语法小结

2. 做练习：（45分钟）

课堂练习：

练习B第1—7题。

可以采取提问、解释相结合的办法。

课后练习：

练习C第4题：写作

第六课时

1. 练习

练习A：

第1题：听后朗读（跟读）

第2题：学生替换练习后，听录音。

练习C：

第1题：听力理解

听录音选择答案。

要求只听一遍就开始选择答案。

再听一遍，订正答案。

生词可以不解释，锻炼学生跳跃障碍的能力。
2. 阅读练习

   练习 C 第 3 题：阅读理解

   要求学生在不预习、不查词典的情况下快速阅读理解，判断正误。

   告诉学生正确的答案。

   如果有时间，教师可以对生词和短文稍加解释。

3. 布置预习

   第二课